JN098543

旅立つには最高の日

田中真知

三省堂

Quand tu aimes il faut partir

愛しているなら旅立つんだ

ブレーズ・サンドラール「きみは空や海よりも美しい」より

もくじ

チロはアメリカへ行った

チロがいつ、どこからやってきたのか、だれも知らなかったにちがいない。気がついたときには、ぼくたちはチロといっしょに団地の芝生や川沿いの土手や団地の外れの広大な原っぱを日が暮れるまで走りまわっていた。

チロはこんがりと焼けたパンのような色の毛並みをした鼻面の黒い雑種の野良犬だった。だれがチロと名づけたかはわからない。気づいたときには、みなが「チロ」と呼んでいて、呼ばれたチロはしっぽをふって駆けよってきた。そして黒いつぶらな目でこちらを見て、うれしそうにからだをすりつけてきた。

団地では犬が飼えなかったから、チロはすぐ団地の子どもたちの人気者になった。チロに与えるために給食に出たパンの耳やクジラの竜田揚げの残りなどをこっそりとっておいた。チロがどこをねぐらにしているのかは知らなかったけれど、「チロ！」と呼びかけると、どこからかひょっこり姿を現した。

そんなときぼくは仲のよかった同級生といっしょのこともあったが、どちらかといえば、あまり好きじゃないのに母親同士が仲がよかったことから、なんとなくつるんでいたTやKがいっしょのことのほうが多かった。TやKは乱暴で、チロの首にひもをつけてひっぱったり、チロをからかって遊んだりした。申し訳ないと思いつつも、TやKが怖かったので、いっしょになってチロをからかった。でもチロは遊んでもらえるのがうれしいのか、いやがっているようには見えなかった。

仲良しの友だちといっしょのときは、チロにそんなことはしなかった。チロを連れて雑木林を探険したり、線路沿いにあった工場跡に入りこんだりした。でも、いちばん楽しかったのは、団地の外れに広がっていた原っぱを駆けまわることだった。

そこは野球場が五、六面ほどもとれそうなほど広い原っぱだった。春はあちこちにツクシが生え、タンポポやレンゲやクローバーが一面に咲いた。夏には草がぼくたちの背丈ほどまで生い茂り、秋にはススキの穂が風にゆれた。

チロがやってくる前、よく原っぱで野球をしていた。野球は好きではなかったけれど、野球をしないと友だちと遊べないので、しかたなくいっしょに原っぱに行った。ぼくが下手なことはみんな知っていたから、自然とみそっかすの小さい子たちといっしょに草深い外野で突っ立っていることが多かった。これはありがたかった。空を行く雲をぼんやりと眺めながら、ボールが飛んできませんようにと祈っていた。

それでもたまにボールは飛んでくる。とくに夏はボールが草に埋もれて見つからなくなることが多かった。そんなとき、みそっかすの子たちと草むらを足でかきわけてボールを探した。ボールを探しているときはうきうきした。その間はゲームが中断するから、ボールが飛んできやしないかとひやひやしなくてすむ。「どこ行ったんだろう」とかいいながら、内心いつまでもボールが見つからなければいいのにと思った。自分もボールのように、だれにも見つからずに夏草の茂みの中に身を隠したままでいたいと思った。

帰宅すると母は「野球はどうだった?」とよく聞いてきた。学生時代、陸上の選手で国体まで行ったことがあり、負けず嫌いだった母は、自分の子どもがスポーツ嫌いで運動神経も鈍いということをなかなか認めようとしなかった。しかし、父はスポーツはもとより、からだを動かすことが大嫌いだった。そっちの血も受け継いでいることに母は気づいていないようだった。

父はたいてい帰りが遅く、そのあと明け方近くまで酒を飲んでいた。すでにぼくは寝床に入っていることが多かったが、夜中に両親が言い争う声でたびたび目が覚めた。両親の怒鳴りあう声が聞こえないように掛け布団を頭からかぶった。声はだんだん大きくなり、やがて皿かなにかが割れる音が聞こえてきた。このままずっと布団の中にいて目覚めることがなければいいのにと思った。そして翌朝は、昨夜のことなど、なにも気づかなかったふりをして学校へいった。

チロがやってきたことで遊び方も少し変化した。原っぱでの野球はあいかわらずつづいていたが、チロが駆けまわったり、飛んでいくボールを追いかけたりするので、ゲームが中断されることが多くなった。野球が上手な者は不満そうだったが、その状況をおもしろがる者も何人かいた。そういう友だちとは気が合った。

飛んできたボールが草むらにもぐりこむと、チロもいっしょに探した。あるとき探しているのとはちがうボールをチロが見つけた。菊の花のような文様のある古めかしい軟球で、だれかが「これは戦争中に兵隊が使っていたものだ」と知ったようなことをいった。

原っぱには「防空壕のあと」と呼んでいたコンクリートの廃墟もあった。それがほんとうに防空壕だったのかどうかはわからないが、草に埋もれた古いボールや廃墟は、真新しい団地の世界とは対照的だった。

原っぱはとても広かったから、足を踏み入れていないところもあった。いつも野球をするのは団地に近い東側だった。一方、西側は東側よりも地面が盛りあがっていて草深かった。「防空壕」のようなよくわからないものや、ペンキがすっかり剝げ落ちた廃屋もあった。

西の外れには有刺鉄線を張りめぐらせた鉄条網が長くのびていた。その向こう側をぼくたちは「アメリカ」と呼んでいた。そこは米軍の駐留キャンプだったからだ。広い道で区切られた芝生に外国のドラマで見るようなパステルカラーの平屋の家が並び、その向こうに白と赤に塗りわけられた鉄塔が高くのびていた。子ども心にもそこは「ちがう世界」だった。だれにいわれたわけでもないのに、鉄条網のそばにはめったに近づかなかった。

けれども、チロはそんなことは気にせず、西側の鉄条網の近くまで駆けていった。ぼくたちもつられて大胆になり、小高い西側の草むらの丘にチロといっしょに駆けあがったり、廃屋の中を壊れた窓の隙間からのぞきこんだりした。


ある夏の夕暮れどきだった。チロとあまり好きではないTやKと草むらでかくれんぼをしていた。

西の丘の深々とした草むらの中にしゃがみこんで、遠くにいたチロの名を呼んだ。こちらの姿はチロには見えないはずだった。チロがひと声吠えた。ぼくは息を殺してうずくまった。空には夕映えが広がり、しだいに闇が濃くなっていった。その中を二機のヘリコプターが灯りを点滅させながら北に向かって飛んでいった。

すぐに見つかるだろうと思ったのに、チロはなかなか来なかった。そっと頭を上げるとチロの姿もTやKの姿もない。暗くなった草むらの上を風が吹きすぎ、暮れかけた西空に星が光っている。鉄条網の向こうの「アメリカ」の家には灯りがともり、敷地内の鉄塔の影が夕空の中に切りぬかれたように見えた。TやKがチロを連れていき、ぼくを置き去りにしたのだ。こういう目にあうのは初めてではなかった。

それでも不思議と、みじめさは感じなかった。それどころか心の中には澄んだしずけさが広がっていた。暮れかけた原っぱに置き去りにされ、団地の灯りもはるか遠いのに、心はおだやかで落ち着いていた。自分の心の中の草むらが押し広げられ、その奥に広がる澄んだ湖を見つけたようにすがすがしかった。残照は消えかけ、濃くなる宵闇の中で星々は明るさを増しつつあった。

チロが数日姿を見せないこともあった。それでも気がつくと、何事もなかったかのように原っぱで野球をしているぼくたちの中にやってきた。チロはそういう存在だった。いなくなっても、かならずまた現れる。そんな時間がいつまでもつづく気がしていた。

あるとき数日ぶりに姿を見せたチロのかたわらに、耳の垂れた白くて痩せた犬がいた。どこか悲しそうな目をした犬だった。シロと呼ばれるようになったその犬も、ぼくたちの遊び仲間に加わった。

シロは利発なチロとは対照的だった。ぼくたちが走るとチロはぼくたちを追いぬいて先へ行こうとするのに対して、シロは後ろからとぼとぼとついてくる。しかもなにかを見つけるたびに寄り道するので、はぐれてしまうのだった。チロがぼくたちと駆けまわっているときなど、シロは地面に伏せて悲しそうな目で遠くを見ていた。歳をとっていたのかもしれない。そんなときTはシロに後ろからそっと寄って、わっと大きな声を出した。シロがとびあがるのを見て、Tは大笑いした。

シロが加わって、しばらくしたころだった。団地の敷地に見慣れぬ白い軽トラックが現れた。運転席には灰色の服を着た男が二人乗っていた。

「野犬狩りだ!」とTがいった。

チロとシロが危ない。こんなときTはすばやかった。チロとシロに向かって「逃げろ!」と叫ぶと一気に芝生の中を走りだした。芝生の中ならクルマは入ってこられない。状況を察したチロはすぐさまTを追って走りだした。クルマが停まり、助手席から先端に針金の輪のついた長い棒を持った男が降りてきた。

ところが、シロは逃げようとせず路上にとどまって捕獲員に向かってしっぽをふっている。Tが走ってきて「シロ、なにやってんだ、逃げろ！」とシロを追いたてた。しぶしぶシロも芝生の中に走っていった。ふりむくと捕獲員が苦笑いしていた。

安全な場所までたどりつくと、「シロはほんとうにバカだなあ」とTがあきれたようにいってシロの頭をなでた。Tにはいいところもあるなと思った。

野犬狩りのクルマはその後もやってきた。チロとシロもそのクルマが危険だということは理解したらしく、すぐに逃げるようになったが、あるとき学校から帰るとチロとシロの姿がどこにもなかった。いやな予感は当たった。Tが家にやってきて「チロとシロがつかまったらしい」といった。

どうしてTがそれを知ったのかはわからない。Tはチロとシロをとり戻しに行くといった。「そんなことできるの？」とぼくはいった。「保健所に行くんだ」とTはいった。Tは遊び仲間数人に声をかけ、連れだって自転車で町の保健所へ向かった。ところが保健所に着くと、Tはぼくに向かって「チロとシロを返してくださいと頼んでこい」といって、自分は中に入ろうとしなかった。Tはやっぱりイヤなやつだった。

おずおずと中に入って、そこにいた大人に声をかけた。しどろもどろになっていると、「犬がほしいのか？」という。うなずくと、その人は別の職員に声をかけ、犬がほしいんだってさ、と笑った。

思いのほか、簡単にチロとシロを返してもらえた。ただその人は「今回だけだからな」とぼくにいった。保健所から出てきたぼくに、Tが「よくやった」といった。何事もなかったようにTの後ろをついていくチロとシロを見ながら、さっき職員がいった「今回だけだからな」という言葉が頭から離れなかった。

「チロとシロがつかまらないようにしよう」ぼくの話を聞いたTがいった。

「どうやって?」

「つかまるとしたら、俺たちが学校に行っている間だ。その間、チロとシロをどこかに隠しておこう」

「隠しておく……」

チロとシロを隠しておけそうな場所といって、すぐ思いついたところがあった。団地隣の病院の裏庭に放置されていたコンクリート製の物置のような廃墟だった。扉はすでになかったが、前面の開口部を板でふさげば見つからずにすむ。

放課後の夕方、Tとぼくはチロとシロをその廃墟に連れていった。チロは不安なのか落ち着かなかったが、シロはあきらめたようにすぐ床に伏せた。給食の残りのパンなどを置いてから、捨てられていたトタン板で入口をふさぎ、角材などで押さえて中から開かないようにした。

「かわいそうだけどしかたない」とTがいった。

中からトタン板をひっかく音が聞こえた。やっぱりかわいそうだよといいたかったが、結局黙っていた。

その廃墟はうちから病院の塀をはさんで、五十メートルほど離れた場所にあったので、トイレの窓から見ることができた。

日が暮れてからもチロとシロのことが気になってしかたなかった。暗く冷たいコンクリートの廃墟の中で二匹がどうしているだろうかと想像した。行ってみたかったけれど、こんな夜更けに外に出かけるなどと母には言いだせなかった。寝床に入って灯りを消しても、なかなか寝つけない。ふと起きだして、トイレの窓から夜の暗がりに目を凝らして廃墟のある方角を見つめた。

夜中、大きな音で目が覚めた。居間のほうから言い争う声がしていた。父が帰宅していたのだ。なにかが壁にあたるような音につづいて父の怒鳴る声がした。言い返す母の高い声が、廃墟の暗がりに閉じこめられたチロとシロの声のように聞こえた。部屋の闇がいつにもまして重く濃かった。チロやシロと同じように、自分もまた、この部屋に閉じこめられているような気がした。

早朝、目が覚めると「走ってくる」といって家を出た。病院の塀を乗り越えて廃墟に着くと、入口をふさいでいたトタン板をよけた。内部の暗がりに朝の光が満ち、しっぽをふるチロとシロの姿が浮かんだ。ごめんね、ごめんね、といってチロとシロの首を抱いた。

結局チロとシロをこの廃墟に隠していられたのは数日だった。気づいたときには以前と変わりなく、チロとシロといっしょに原っぱで走りまわったり、野球をしたりする日々が戻っていた。

野犬狩りの軽トラックはときどき来ていたが、どうも本気でつかまえる気はなさそうだった。いちどだけ灰色の服を着た野犬狩りの男の人に「チロとシロをつかまえないでください。チロもシロも嚙みついたり、吠えたりしません」と勇気を出していったことがある。すると、その人は「野良犬がいるという苦情があると、来なくちゃならないんだよ」といった。その人もほんとうはつかまえたくないように見えた。

そんな苦情の電話をする人といったら、きっとシミーズババアだ。シミーズババアというのは、ある棟の一階に住んでいる口うるさいおばさんのことだ。芝生で遊んでいると、シミーズ姿でベランダに出てきて、ここで遊んじゃダメよ、出ていきなさいというのだ。電話するとしたら、あのおばさんにちがいない。

それからどのくらいたったころか、シロの姿が見えなくなった。シミーズババアの電話のせいかどうかはわからないが、きっと野犬狩りにつかまってしまったのだろう。でも、前回のように保健所には行かなかった。「今回だけだからな」と釘をさされていたこともあるが、それだけではなかった。

チロがやってきてからすでに一年以上たっていた。その間に、ぼくたちは少し歳をとり、以前ほど無邪気ではなくなっていた。もともと大人びていたTは女子の目を意識して、ふるまいや髪型に気をつかうようになる一方、チロやシロへの関心は薄れていた。シロがつかまったらしいという話をしても、Tは「シロはバカだったからなあ」と他人事のようにつぶやいた。シロの悲しそうな目が思い浮かんできたが、しかたないという気もした。自分もまた一年歳をとったということかもしれなかった。

Tだけでなく、チロといっしょに一年を過ごした遊び仲間たちも少しずつ変わっていった。チロやシロと遊んでいたメンバーから地元の少年野球チームへ入る者、スイミングクラブへ通う者、塾に通う者などが乳歯が生えかわるように抜けていった。それでもぼくはチロと遊びつづけていた。三月生まれでクラスでいちばん誕生日が遅くて幼かったこともあったが、チロを見ていると、団地に引っ越す前まで住んでいた貸家で飼っていたドゥミを思いだすからかもしれなかった。

まだ足元もおぼつかないころに撮った自分の写真に子犬だったドゥミがすでに写っている。ドゥミという名は父がつけた。発音しにくい名前だった。あとになってドゥミとはフランス語で「半分」という意味だと知った。どうしてそんな名をつけたかというと、あまり頭がよくなくて半人前（半犬前）だからだというのだ。

幼稚園のころなので記憶はあいまいだが、ある日、幼稚園から帰ったら犬小屋にドゥミがいなかった。母も父もどこへ行ったかわからないという。そのうち帰ってくるわよ、と母がいった。地面にエサを入れるアルミの皿が転がっていた。

ドゥミは一週間たっても、二週間たっても帰ってこなかった。幼心にもドゥミはもう帰ってこないんだと思った。寂しかったけれど、いつまでも寂しがっていると父の機嫌が悪くなるので、努めてなんでもないようにふるまった。でも毎朝起きるとドゥミが帰っているんじゃないかと思って、窓を開けると真っ先に庭の犬小屋を見た。

いなくなってひと月ほどたったころだった。ドゥミがひょっこりと戻ってきた。母の話だと、ぼくはドゥミの首を抱いて、いつまでも離れなかったそうだ。すっかり痩せこけて、毛もすっかり汚れて、ボロ布のようだったという。

チロと遊ぶようになって、ときどきドゥミのことを思いだした。母に、あのときドゥミはどこへ行っていたのかな、よく帰ってきてくれたよねとぼくはいった。

そのとき母は初めてほんとうのことを教えてくれた。じつは、ドゥミはいなくなったのではなく、父が遠くまで連れていって捨ててきたのだという。すでに団地に引っ越すことが決まっていて、ドゥミを連れていけなかったからだ。

母の話では、父はずいぶん遠い川べりでドゥミを放してきたという。そして、ぼくにはドゥミがいなくなってしまったと告げたのだ。

でも、ドゥミは戻ってきた。捨てられた先から、一か月かけて、痩せこけてぼろぼろになって戻ってきた。ろくに食べずに、いろんなところをさまよって、やっとうちを探しあてたのだろう。そんなけなげで聡明な犬が半人前のはずがなかった。

でも、そのあとまもなくドゥミはまたいなくなった。心配だったが、ドゥミのことだから、きっとまた戻ってくるにちがいないと思った。しかし、その前に引っ越しの日がやってきた。ぼくはドゥミがまた戻ってきたとき、ぼくたちがいないとかわいそうだ、といって泣いた。でも、引っ越しのトラックは容赦なくやってきた。みるみるうちに家の中は空っぽになり、ドゥミのいない犬小屋を残して、トラックは走りだした。

母は、もうひとつの真実を教えてくれた。それはつらい話だった。ドゥミが二度目にいなくなったのは、父がドゥミを保健所にひきとってもらったからだというのだ。そのときまで、ドゥミがどこかで生きているにちがいないと思っていた。ドゥミと別れたのはほんの四年ほど前なのだ。だからきっとどこかで生きていると思っていた。でも、そうではなかった。ドゥミはもうこの世にいないのだ。

たぶん、ぼくはそのあとずいぶん泣いたのだと思う。父への怒りはなかった。ドゥミが哀れでしかたないのと、自分がなにも知らずにいたこと、なにもできなかったことが情けなかった。たとえ知っていたとしても、幼稚園児だった自分にできることなどなにもなかっただろう。真実を教えてくれた母には感謝した。

チロはドゥミとどこか似ていた。同じ茶色の雑種で、鼻面が黒いところもよく似ていた。だから、まわりの友だちがチロへの関心を失っていっても、ぼくはチロといっしょにいることが多かった。

そのころ、チロを連れて、原っぱの西の外れの鉄条網越しに「アメリカ」をのぞくことが多くなった。当時、男子の間では「スパイ手帳」というものが流行っていた。水に溶ける紙とか、目に見えない特殊インクのペンなどが付属している子ども向けの手帳だった。それを持って自分がスパイになってアメリカに侵入することを想像したりした。

Ｙと出会ったのはそんなときだった。Ｙは隣のクラスの男子で家は鉄工所だった。ほとんど話したことはなかったが、カブトムシの集まる場所や化石の見つかる場所をよく知っていた。廃工場への侵入のしかたなどにも通じていて、まわりから一目置かれていた。そのＹが鉄条網のところにいるのを目にしたのだ。

Ｙはぼくの姿を認めると、なにもいわずに「これやるよ」といって見慣れぬ包み紙のチョコレートをくれた。包み紙には英語しか書かれていなかった。アメリカのチョコだよ、とＹはいった。口に入れると、日本のチョコとまるでちがう味がした。苦いようなからいような強烈な味だった。これがアメリカか。

「これどうしたの？」

「中でもらったんだ」とＹは鉄条網の向こうに目をやった。

「中に入ったの？」

Ｙはうなずいた。Ｙによると、鉄条網の下に地面がえぐれているところがあって、そこから中に侵入できるという。チョコレートは中でアメリカ人の子どもからもらったという。すごい！　そんなスパイのようなことがほんとうにできるんだ。ぼくは興奮した。

話を聞くと、Ｙはなんどか「アメリカ」に侵入したことがあるようだった。

キャンプから出てくるスクールバスに乗ったアメリカ人の子どもたちはよく見たが、彼らがどんな暮らしをしているのかはまったくわからなかった。キャンプ内には相当数のアメリカ人が住んでいるのに、駅前の商店街でも公園でも公共のバスや電車の中でも彼らの姿を見たことはなかった。

「キャンプの中にはなんでもある」Yはいった。「アメリカのお菓子しか売っていないお店とか、アメリカのマンガとか本とかなんでもある」

Yは空き家にも侵入したという。そこで見つけた向こうのエロ本がすごかったと話した。まだエロ本には興味はなかったが、Yの話を聞いているとわくわくしてきた。

「また中に入る?」と聞くと「ああ」というので、「そのときいっしょに入れるかな」というと、「ああ、いいよ」という。

数日後の夕方、Yとぼくとチロは鉄条網の下をくぐって「アメリカ」に上陸した。ふりかえると鉄条網の向こうに夕日に燃える原っぱが広がり、その先に外壁をオレンジ色に染めた団地が見えた。鉄条網の反対側から見る団地は、いつもとまるでちがって見えた。見慣れた団地が、よそよそしく冷淡で不気味な風景に映った。

ほんとうに自分はあそこに暮らしているのか。あそこで両親の喧嘩におびえ、TやKにいいようにあつかわれ、好きでもない野球をしているのか。そんな世界はじつは嘘なんじゃないのか。そう思ったとき、知ってはならない秘密を知ってしまった気がして、はっとした。チロは初めての場所に興奮しているのか、あたりを注意深くうかがっている。

「チロ、ここがアメリカだよ」とチロの首を抱いて話しかけた。

Yは前に侵入したという空き家に案内してくれた。鉄条網からあまり離れていない場所にある平屋の家だった。鍵のかかっていない窓から中へ入ると、薄暗い室内をYが懐中電灯で照らした。ソファやダイニングのセットがそのままで埃をかぶっていた。住人は荷物を置いたまま引っ越したのだろうか。

Yのいっていた「エロ本」はソファテーブルの下に無造作に散らばっていた。ページをちょっとめくったものの、びっくりしてすぐ元に戻した。キッチンの棚にあったガラス瓶の底にキャンディーが数個残っているのを見つけた。Yがそれをつまんで、ぼくにくれた。アメリカの味だ。風呂場にはアメリカのテレビドラマで見たことのある「バスタブ」があった。ぼくたちは湯舟の中に石鹼を入れると怒られるが、アメリカ人はこの中を石鹼の泡でいっぱいにして入るのだ。なんて自由なんだろう。

まったくちがう世界がこんなすぐそばに広がっていたのだと思うと、目がくらんだ。ここには夜ごとの両親の言い争いもない。TやKのようないやなやつとつきあう必要もない。塾もスイミングクラブも少年野球チームもない。口うるさいシミーズババアもいない。

チロだって、こっちのほうが生きやすいのではないか。ぼくたちは見つかったら追いだされるだろうけど、犬ならそんなことはないかもしれない。名犬ラッシーとかアメリカのテレビドラマでは犬がだいじにされている。アメリカ人はきっと犬好きにちがいない。少なくとも野犬狩りのトラックなんてないはずだ。

「アメリカ」に滞在したのはほんの十五分くらいだったはずだが、とても長く感じられた。ふたたび鉄条網の下をくぐるとき、チロにこの場所を覚えておくよういいふくめた。野犬狩りのトラックに追われたら、ここから「アメリカ」へ逃げこむんだ。そしたら、だれにも追いかけられない。変な廃墟に閉じこめられることもない。給食の残り物のパンの耳なんかじゃなくて、ビフテキを食べさせてもらえるかもしれない。ふいにドゥミのことが思いだされた。ドゥミもアメリカへ行ければ、死なずにすんだのに。

チロがいついなくなったのか思いだせない。おそらく「アメリカ」に上陸してしばらくたったころだろうと思うが、はっきりしない。チロがいつやってきたかだれも知らないように、チロがいついなくなったのかもあいまいだ。あれほどいっしょに時を過ごしたチロなのに、いついなくなったのか覚えていないばかりか、その後、チロのことをまったく思いださなくなっていた。

チロの記憶がよみがえったのは、それから何年もたって中学生になってからだった。クリスマスの晩、特別に米軍キャンプの中に地元民が入ることを許されたときのことだった。ぼくは同級生といっしょにキャンプの中に足を踏み入れた。

敷地の中の高い杉の木に巻きつけられた電飾のモールが赤や緑や青や白の光を点滅させ、その下にアメリカ人の家族が集まってクリスマスソングを歌っていた。芝生に置かれたテーブルの上にお菓子やチョコレートやケーキやコーラが並べられていた。どれもアメリカ製だ。口に入れると、懐かしいアメリカの味がした。そのときほんとうにひさしぶりにチロのことを思いだした。

チロはどうなったんだろう。いついなくなったんだろう。いっしょに来た同級生の中にはチロと遊んだことのある者もいたが、チロがいついなくなったのかは知らなかった。それきりチロはまた記憶の奥深くへと沈んでいった。

その後、米軍キャンプの敷地の大半は返還された。かつては入れなかった敷地の中には道路が通り、公園や公共施設がつくられた。原っぱは整地され、運動場やテニスコートになった。その前を通りかかることはよくあったし、そこが子どものときに遊んだ場所であることも知っていた。運動場のまわりで犬を散歩させている人もよく見た。でも、チロのことを思いだすことはなかった。

ある日の夕暮れだった。散歩の途中、その運動場の前にあるベンチになにげなく腰を下ろした。運動場の向こうに白と赤に塗りわけられた高い鉄塔がそびえている。それが米軍キャンプのあった当時をしのぶ唯一のよすがだった。

夕日を浴びて光る鉄塔をぼんやり眺めていたときだった。突如として半世紀前の記憶が噴きあげるようによみがえってきた。目の前の運動場がかき消え、夕日に光る原っぱが現れた。原っぱの先に鉄条網がのび、その向こうにパステルカラーの「アメリカ」の家並みが現れた。そして、原っぱの奥から犬が一匹、こちらに走ってきた。チロだった。

そして気づいたことがある。

当時の原っぱは、団地という日常の場と米軍キャンプという異界との隙間に広がる、どちらにも属さない不安定な空白地帯だった。そんな空白地帯にチロは現れ、その空間を豊かなものにしてくれた。

そのことはとりも直さず、あのころぼくが感じていた寄る辺のない心の空白を、チロがあたたかく満たしてくれたということだったのではないか。そして、その空白が十分満たされたとき、チロはその役割を終えて、ぼくたちの目に見えなくなり、記憶からも消え去ったのではないか。

「アメリカ」に侵入した帰り、チロに「なにかあったらアメリカに逃げこむように」といったのは、あるいはそのことを予感していたからかもしれない。もうすぐぼくもチロを必要としなくなる。きみは自由だ。でも、社会は自由な野良犬をほうっておいてくれない。ドゥミのようになってはいけない、シロのようになってはいけない。だからアメリカへ行くんだ。そこに行けば自由になれる。そんなふうに思ったからかもしれない。

でも、当時のぼくが知らなかったこともある。チロと原っぱを駆けまわっていたころ、ほんとうのアメリカは戦争をしていた。ときどき目にしたヘリコプターはベトナムの戦場で傷ついた兵士をキャンプ内の野戦病院へ搬送するためのものだった。そしてクリスマスの晩にキャンプに入った翌年、アメリカ軍はベトナムから撤退し、キャンプも役目を終えたのだった。

チロは「アメリカ」へ行っただろうか。行ったにちがいない。そう信じることがチロを自由にする。チロだけではない。ドゥミも、シロも、アメリカに行ったにちがいない。ぼくたちの記憶から消え去った多くの者たちは、みなアメリカへ行った。どこにもない自由の国アメリカへ。

UNITED STATES FORCES JAPAN, INSTALLATION
IT IS UNLAWFUL TO ENTER THIS AREA WITHOUT
PERMISSION OF THE INSTALLATION COMMANDER.
UNAUTHORIZED ENTRY PUNISHABLE BY JAPANESE
LAW (ART, 2 KEIJI TOKUBETU HO LAW #138, 7
MAY 1952.) WHILE IN THIS AREA ALL PERSONNEL
AND THE PROPERTY UNDER THEIR CONTROL ARE
SUBJECT TO SEARCH. PATROLLED BY MILITARY

ジュバの蛍

初めてアフリカに足を踏み入れたのは、南スーダンが独立するずっと以前のことだ。一九八五年、ぼくは二十代半ばだった。ナイロビを経由して、内戦の小康状態にあったスーダン南部の都市ジュバへ飛んだ。

乾季の猛暑のさなかだった。田舎の駅舎のような空港の滑走路に降り立つと、暑熱のせいか足元のアスファルトがふかふかとたわんだ。当時のジュバは南部の中心地とはいっても、高い建物もなければ、クルマも少なかった。でこぼこの道の両側にトタン屋根をのせた簡素な建物が並んでいる。道端の草むらには、くしゃくしゃになった紙やひからびた人糞が散乱している。そのためか、どこを歩いても、甘くすえたような腐敗臭が漂っていた。

町には手ごろなホテルはなかったが、教会が提供している部屋に泊めてもらうことができた。中庭に面してコンクリート製の部屋が並び、それぞれの部屋の前面は扉も含めてすべて金網になっていて、鳥小屋のようだった。

到着した翌日の夕方、散歩から戻って洗面所でシャツを洗っていた。すると突然、頭がぐらぐらして平衡感覚が失われ、床に倒れ落ちそうになった。つづいて激しい頭痛がはじまり、吐き気がこみあげてきた。手先は痙攣している。

なんだこれは。マラリアだろうか、それとも熱帯の風土病だろうか。不安であれこれ考えていると、ますます痛みが強くなってくる。大量の水と鎮痛薬を飲んで、ベッドに横たわる。目を閉じると痛みの収縮にあわせて、まぶたの裏に無数の白い光が明滅する。

知らぬ間に眠ってしまい、気がついたら真っ暗だった。漆黒の闇を無数の鈴をふり鳴らすような虫の音が満たしている。トイレに行こうと懐中電灯をつけた。すると一瞬、光に浮かびあがった床面が、ずれたように見えた。めまいのせいではなかった。床にいたおびただしいゴキブリがいっせいに動きだしたのだった。

「それは日射病だろうね」と、翌日会った人類学者の栗本英世さんがいった。「アフリカの洗礼だね。いまはいちばん暑い時期だからね」

栗本さんは当時、ジュバから二百二十キロほど離れたラフォンという村でフィールド調査をしていた。その栗本さんのフィールドを訪れるために、ここまでやってきたのだった。幸い、日射病は軽くすんだので、数日後、栗本さんの調査地へ同行させてもらった。

サバンナの真ん中に島のように隆起する巨大な岩山、その裾野をかこむように少数民族パリ人の六つの集落が広がっている。ちょうど一年で最大の儀礼である新年の祭りがはじまる時期だった。胸がわくわくした。初めてのアフリカということもあり、過酷な自然の中で暮らす人びとへのロマンチックな思い入れもあった。

当時はまだ、人類学者というと、現地の村に住みこんで、ノート片手に村人の語る民話を集めたり、儀礼を観察したりといったようなことをしているのではないか、という印象があった。たしかに、そういうこともするのだけれど、そうした素朴で、幸福な調査をつづけるには、栗本さんのフィールドはやっかいな問題を抱えすぎていた。

当時、アフリカ最大の面積の国だったスーダンでは、北部のイスラム系の政府と、自治を求める南部の反政府武装組織ＳＰＬＡ（スーダン人民解放軍）との内戦がつづいていた。イスラム化を進める北部政府に南部の人びとは反発し、ラフォンも例外ではなかった。

ぼくが訪れた年の一月にも、ＳＰＬＡの大部隊が村に進駐して、数百人の若者がＳＰＬＡに参加するために自発的に村を出ていったという。部隊が村を去ったあと、混乱した村人らによる激しい略奪が行われ、栗本さんの小屋も破壊された。生命にかかわる何重もの脅威、一触即発の緊張状態の中で、ここの人びとは暮らしているのだった。

そんな中、五日にわたる祭りがはじまった。精霊が棲むという岩山のふもとでの長老たちの演説と会議につづいて、若者たちは槍をかかげて炎天下のサバンナに飛びだし、大地を踏み鳴らし、雄叫びをあげながら、えんえんと走りまわる。喉が渇けばこの日のために仕込んでおいた雑穀のビールをあおる。広場で行われる踊りのときには、頭に鳥の羽や花をさし、サングラスや腕時計、ミニスカート、ハイソックス、スニーカーなどありったけの品々を身につけて、自分を飾りたてる。興奮が極まってとっくみあいになったり、刃物による流血沙汰も起きたりした。

それぞれの村人たちがどんな思いで今年の祭りにのぞんでいるのか、もちろんわからない。それでもなにより印象的だったのは、祭りの間にいくたびとなく目にした彼らの笑いだった。愛想笑いでも、嘲笑でも、冷笑でも、失笑でもない。全身が笑いそのものと化すような、そんな笑いだった。それはいまこの瞬間、内から純粋にこみあげてくる生きる喜びのように思われた。その笑いに包まれれば、どんなことでも許せそうな気がした。ああ、笑いとはこういうものだったのか、と思いださせてくれる笑いだった。

祭りの初日は、彼らといっしょにサバンナを走りまわり、踊ったり、ビールをあおったりした。けれども、二日目にはもう彼らの疲れを知らないパワーについていけなかった。

そのまぶしいほどの熱狂を目のあたりにしていると、どういうわけか気持ちがみじめにふさぎこんでいった。人は自分の想像力のスケールで測れないものに直面すると、どうしたらいいかわからなくなるのかもしれない。

けれども、そんなぼくに村人はやさしかった。栗本さんの知り合いということで、どこでも歓待された。年配の女性は現地名をつけてくれた。たびたび食事にも呼ばれた。でも、口がきけず下を向いていた。村人は「怖いことがあるのか」とか「日本のことを思いだしているのか」とか心配してくれた。自分でもわからない。主食のクオン（モロコシの粉を湯で練ったもの）が熱いのではないかと気をまわした若者がスプーン代わりに貝殻を渡してくれた。その心遣いにまた落ちこんだ。

祭りが終わり、ジュバへの帰途につくランドローバーに乗りこんだときには、ふぬけのようになっていた。ジュバでは栗本さんが寄宿していたオランダ人研究者の家に泊めてもらい、翌日、着ていたシャツやパンツを出入りの若者に洗濯してもらった。

ところが、戻ってきた洗濯物の中に渡したはずのパンツが一枚ない。若者は「知らない」という。栗本さんに相談すると、「たぶん彼が盗んだんだろうけど、出てこないだろうね」とあっさりいう。

目の前が真っ暗になった。スーパーで四枚千円だかで買ったパンツだ。四枚のパンツで一年旅する計画だった。その計画がいきなり崩れてしまった。三枚のパンツでこれから一年旅するなんて、とても無理だ。どうして、そんなに絶望的な気分になったのか、いまとなっては想像しにくいが、そのくらい精神的に追いつめられていたのだろう。

市場に行ってみたが、あるのはひもで結ぶデカパンばかりで、日本で売っているようなパンツはもちろんない。こんなんじゃない、こんなものを履いて旅するなんて考えられない。ますます暗澹たる気分になって、そうだ、日本の友人に頼んでパンツを送ってもらおう、いやこうなったら、いったん帰国して四枚千円のパンツを二組買って出直そうなどと明らかに荒唐無稽な妄想にとりつかれた。

市場には象皮病なのか何倍にもふくれあがった足を投げだして木陰にすわりこんでいる男がいた。不自然に曲がった足を杖で支えながら器用に歩いていく人もいた。自分はなにをやっているんだろう。行き場を失った思考がぐるぐると同じところをめぐり、感情がジェットコースターのように上がったり下がったりした。

追い打ちをかけるように、その日の深夜、またも激しい頭痛と火照りで目が覚めた。溶けてどろどろになった鉄がからだの中でのたうちまわっている。その熱い塊が、脈にあわせて脳天を突きあげ、そのたびにまぶたの裏に白い光が散る。座薬も効かず、明け方まで朦朧とした意識の中で痛みに耐える。洗礼は終わっていなかった。

熱い鉄の塊が、からだから抜けたのは翌々日だった。それといっしょに荒唐無稽な妄想の類いも出ていったのか、頭もすっきりした。

その晩、栗本さんに「ナイトクラブへ行かないか」と誘われた。ナイトクラブ？ ジュバでナイトクラブとは意外だった。

街灯のない真っ暗なサバンナの道をランドローバーで走る。暗闇の向こうに灯りが見え、ドラムの音が聞こえてきた。野外ナイトクラブだった。

中庭をかこむようにテーブルや椅子が並び、明るく照らされた正面のステージでは生バンドが大音響で隣国ザイール（現コンゴ民主共和国）のポップスを演奏している。会場には現地人のほか、援助関係者らしき白人もたくさんいる。北部の政府はイスラム法を採用したため酒は禁じられていたはずだが、キリスト教徒の多い南部ではザイールから陸路で輸入されたビールが公然と出まわっていた。

病みあがりで、まだふらふらしていたがビールで気分がよくなってきて、目の大きなスーダン人の女の子と踊る。周囲で踊る黒人たちの顔の輪郭が逆光にふちどられて銀色にきらめく。

そのとき聞き覚えのある曲が流れてきた。当時日本でもしょっちゅう耳にしたアフリカの飢餓と貧困解消のためのキャンペーンソング「ウィ・アー・ザ・ワールド」だ。内戦さなかのスーダン南部で、この曲を聞くのは妙な気分だった。

日本ではなにげなく聞き流していた歌詞が頭にひっかかる。「世界は一つにならなくてはならない」とか「ぼくらが一つになるとき」というフレーズだ。自分も村を訪れる前まで、そんなナイーブな思いこみを抱いていたのかもしれない。

けれども、ここの人たちは、あまりにもちがう経験を生きている。おしなべて似通ったレールの上を歩んできた日本人や欧米人とちがって、共通のレールなどない中で、生きるためにそれぞれが自分のレールを敷きながら歩いている。

しかも、そのレールは、日本のような社会では想像もつかない偶然の災難や事故によって、突然断ち切られる。そのような世界に生きている人と一つになれると思うとしたら、それは傲慢な思いあがりではないか。

いっしょに踊っていた女の子は、青いおしゃれなワンピースを着ていた。このような場に来るくらいだから恵まれた境遇に育ったのかもしれない。けれども、彼女の家族や血縁をたどれば、言葉を失うような凄絶な運命に翻弄されている人もいないとは限らない。容易には理解できないちがう世界が存在し、そこに生きている人たちがいる。そのことに敬意は払っても、自分たちの都合で勝手に一つにしてはいけない。

「この歌、知ってる?」女の子に聞く。

「知らない」

女の子はなにもいわず、目でうなずく。

「アフリカのことを歌っているんだ」

夜中を過ぎても、演奏とダンスはつづいた。ステージのライトがきらめき、ドラムが走り、ベースがのたうち、ギターが踊りまわる。

そのときだった。突然、バチンと大きな音がして電源が落ちた。瞬時にしてあたりは闇に包まれ、ギターとベースの音もかき消えた。ドラムだけはその後もリズムを刻んでいたが、しだいに音が小さくなり、やがて止まった。魔法が解けたように、華やかなナイトクラブが夜のサバンナに戻り、楽器の音に代わって虫の音が夜を満たす。

そのとき、あたりに光の粒が舞っているのに気づいた。一面、おびただしい小さな光が明るくなったり、暗くなったりしながら飛び交っている。

「蛍だ!」

だれかが声をあげた。灯りがついていたときには、まったく気づかなかった。明滅する無数の蛍は、熱にうなされていた夜、痛みとともにまぶたの裏に飛び交っていた光を思わせた。この数えきれない光もまた、だれかの人知れぬ痛みなのかもしれなかった。

人びとの会話もしずまり、あたりはどこまでも広がる闇と、虫の音と、飛び交う蛍の光だけになった。その光の舞を透かして、しぶくような星空が広がっている。

どのくらいたってからだったのか、突然電源が回復した。照明がつき、ふたたびバンドの演奏がはじまる。闇は蹴散らされ、虫の音はかき消され、蛍はもう見えない。人びとが立って踊りだした。ぼくも立ちあがる。旅はこれからはじまるのだ。

山上の聖地にて

その修道院のことを知ったのは、友人の書いたエッセイからだった。

ジャーナリストだった彼は、あるとき取材でエチオピア北部、ティグレ州の山奥にある修道院を訪ねた。六世紀につくられた修道院はデブレ・ダモという標高二千メートルを超える山の上にある。山頂は岩盤が台形状に露出した、いわゆるテーブルマウンテンになっていて、その上にある修道院にたどりつくには、岩盤の裂け目から垂れさがった一本のロープだけがたよりだ。長さ十五メートルの、そのロープが俗界と聖なる世界を隔てている。

友人も、そのロープを伝って修道院へ這いあがった。そこでは百人以上の修道士と小僧さんが、エチオピア一厳しいといわれる修道生活を送っていた。

彼は山頂に一泊し、修道士たちの話を聞き、翌朝山を下りようとした。そのとき荷物の中にラジオがないのに気づいた。ラジオは、彼の身のまわりの世話をしていた十一歳の小僧さんの布袋から見つかった。それを知った七十歳の師は顔をこわばらせ、小僧さんを山から下ろすといった。

彼は震えた。この世界にラジオを持ってきた自分の愚を悔いた。ラジオを少年の目にふれさせた自分の浅はかさを呪った。

わたしが悪いのです、と彼は師に告げた。

「少年はまちがいを犯したが、このまちがいはあなたの教えで矯正されるでしょう。ですから決して少年を罰することのないように。決して少年を山から追いだすことのないように」と。

このデブレ・ダモ行きから半年後、友人は山上の聖地より、もっと高いところに去ってしまった。アフリカでの取材中の不慮の事故だった。デブレ・ダモの話は、のちに出版された遺著の最後に収められた。沼沢均さんの『神よ、アフリカに祝福を』という本だ。

沼沢さんのことを思うとき、デブレ・ダモの懸崖から垂らされた一本の古びたロープが浮かんでくる。数えきれない人びとがこのロープを手にしたはずだ。そのだれもが、それぞれの思いを胸に、山上の聖地をめざしたのだろう。しかし、彼らがロープの先に求めていたものはなんだったのか。それはたんに貧しい僧院の建物などではなく、もっと別のなにかだったのではないか。ロープはほんとうはどこに通じているのだろう。

沼沢さんの死から二年たった冬、デブレ・ダモを訪れたという旅行者の青年から手紙をもらった。彼はふもとの村から、岩だらけの台地を五時間かけて歩き、断崖の下にたどりついた。おおぜいの人びとが、ロープの下に集まって、祈り、歌っていた。その声に押されるように、彼はロープを登り、山上に着いた。

しかし、彼が感じたのは、ある種のいたたまれなさだった。ここには見たところなにもない。水も乏しければ、修道士の持ち物もぼろ布と聖書くらいだ。だが、修道士たちにとって、そのシンプルきわまりない暮らしは、なにか別の価値に支えられているのかもしれなかった。こうした暮らしだけが与えてくれるなんらかの恩寵が、この狭い山頂にあふれかえっているのかもしれなかった。けれども、旅行者の青年には、そのかたちにならないものを見るすべがなかった。彼は恐れと不安を感じた。自分はここにいてはいけない、きっとぼくは目が見えないのだ、と感じた。

「もしかすると、ほんとうにこの上にはなにもなかったのかもしれません。ぼくは風のような幻の思い出だけを抱いて、山を下り、ふたたび五時間かけて村に戻りました」と彼の手紙は結ばれていた。

この手紙をもらった翌年、にわかに思いたってエチオピアに飛んだ。八年暮らしたエジプトを去る日が迫っていたあわただしい時期だった。

首都のアディスアベバから北部のアクスムへ飛び、くたびれたランドローバーを駆って、デブレ・ダモに向かう。手紙をくれた青年と同じように、自分にもなにも見えないかもしれない。それでもデブレ・ダモを訪ねる気になったのは、友人が見た風景を、自分も目にしておきたかったからかもしれない。

エチオピア北部の大地には慰めがない。血肉は喰いつくされ、骨だけが天日にさらされているような土地がどこまでもつづく。

日が傾きかけたころ、エチオピア人のガイドが遠方の山を指した。裾の広がったひときわ高い山の上に、平らな頂の岩山が天空の城砦のように屹立している。デブレ・ダモ山である。日は落ち、雲がこの世ならぬ薔薇色に染まり、断崖が光を失ってみるみる青く沈んでいく。

岩場の真下でクルマを停める。風は強く、冷たい。残照も消えかけ、星がともりはじめている。岩場の急斜面をあえぎながら登りきり、暗く沈んだ断崖の真下に近づくと、そこにロープが垂れさがっている。古びてはいるが、太くて頑丈そうなロープだ。息をととのえ、そっとロープに触れる。

登攀は思っていたよりはるかに厳しい。おおぜいの人が登ったために石灰岩の壁は摩滅してつるつるで、足がかりもほとんどない。足がすべると、一本のロープにしがみついたからだは宙ぶらりんになって振り子のようにゆれる。三分の二ほどよじ登ったところで、腕がしびれて動けなくなった。力がだんだん抜け、からだが震えだした。上で修道士が大声で「スローリー、スローリー」といっている。

どうにかして登りきったのだろう。気がつくと、修道士や小僧さんにかこまれて、山上の岩の床にからだを投げだしていた。震えが止まらない。空には星がしぶき、風がうなりをあげている。ぼくは岩の上に口をつけた。

迎えてくれた白ひげの修道士に洞窟のくぼみにある小部屋に案内された。修道士がランプをかざすと二畳ほどの空間が浮かびあがった。壁には直接掘りぬかれたらしい棚やベッドもある。

修道士はランプを床に置くと奥から意外なものをとりだした。瓶ビールだった。以前、やってきたイタリア人旅行者が置いていったという。飲みなさい、と老修道士はビールをすすめてくれた。お礼に途中の村で買ったキャンディーをさしだすと、白ひげの修道士は満面の笑みを浮かべ、両手を上げてなにやら歌いながら踊るしぐさをした。洞窟の岩壁に修道士の影が幻のように舞う。

お茶目な白ひげの修道士アバガブレアラガウィ師は、三十六年ここで客人を迎える務めをしているという。もっとも三年前に沼沢さんが訪ねたときには三十五年と答えているので、あまりあてにはならない。

生ぬるいビールをいただいたあと、持参した沼沢さんの本に載っているプロフィール写真を見せた。小さなリュックを肩にかけて微笑んでいる写真だ。

「彼は三年前にここに来たんです。あなたにもてなしてもらったそうです」

修道士は目を細めてしばらく写真を見つめてから「ああ、覚えています。彼はいい人でした。どうしていますか?」といった。

「亡くなりました」というと、修道士はびくっとして顔を上げ、頭を左右にふり、胸に手をあてた。

「祈りましょう、彼のために」修道士は頭を垂れて祈りの言葉を唱えた。ぼくとガイドの青年と小僧さんも黙禱した。洞窟の壁にぼくたちの影が震えている。

白ひげの修道士が隣の部屋に去ったあと、ガイドの青年が、沼沢さんをここに案内したのは自分だといった。あてにはならない。白ひげの修道士が彼のことを覚えているといったのも、ほんとうかどうかはわからない。でも、そんなことはどうでもよかった。覚えていようがいまいが、出まかせであろうがなかろうが、彼がたしかに訪れたこの辺境の地で、ほんの一瞬袖すりあった人たちが、その死を悼んで祈ってくれた。十分だった。

夜が更け、この岩穴の小部屋でぼくとガイドの青年と小僧さん二人が寝ることになった。白ひげの修道士は登攀に用いる長い革製のロープを枕代わりにするといいといって丸めて置いていってくれた。横になってシュラフにくるまると、革のロープの上に頭をのせて目を閉じた。ところが、このロープが猛烈に臭うことに気づいた。何十年にもわたってこの断崖を登った人たちの手垢がしみこんでいるのだろう。

それだけではなかった。しばらくすると、腰や脇腹のあたりでかさかさとうごめく気配がする。ノミだ。革のロープに巣食っていたのが、シュラフの中に入ってきたのだ。膝裏や足元にもいるのがわかる。耳元でも跳ねているのがわかる。いったいどれだけいるのだろうとやりきれない気分でいるうちに、からだのあちこちがかゆくなってきた。

たまらずからだを起こすが、真っ暗で自分の手さえ見えない。ガイドのいびきと小僧さんたちの寝息だけが閉ざされた闇の小部屋に響いている。足元や腰のあたりでノミが跳ねているのがわかる。沼沢さんもこうしてノミだらけのロープを枕に眠ったのだろうか。さぞかし長い夜だっただろうな。しずかな笑いがこみあげてくる。結局、一睡もできぬまま朝を迎えた。

岩の階段を上って平坦な山頂に出ると、おびただしいハエが目や口のまわりに群がってくる。標高二千メートル以上とは思えない無数のハエだ。

山上には、古い教会と鐘楼があり、数人の修道士が木陰にしゃがみこんだり、壁にもたれたりして聖書を読んでいる。明らかに雰囲気のちがうぼくが通りかかっても目を上げる者はいない。自分の存在が空気のように感じられる。

地面の岩盤には雨水をためる穴がいくつもうがたれている。そこにたまった淀んだ水が、ここに暮らす百数十人の修道士たちをまかなっている。その向こうに修道士たちの庵が集落のようにかたまっている。

三十歳くらいの若い修道士が祈りを終えて歩きだしたので声をかける。修道士は初めて、こちらの存在に気づいたかのようにきょとんとしていたが、挨拶すると、自分の庵に来なさい、お茶を入れましょうといった。

小さな庵の中にあったのは、煤だらけの湯沸かし鍋、オイルランプ、編んでつくった小さな椅子くらいだった。彼は五歳のとき父に連れられて山にやってきた。父子ともにここで修道士となったが、その父も十五年前に死んだ。その後も彼は修道士としてずっとここで暮らしている。

「修道士をやめたいと思ったことはないですか」

「ないですね」修道士はしずかな口調でいった。「ここの暮らしが好きなんです。それに、ずっと山の上にいるわけではありません。仕事で下の粉挽き小屋に毎日下りますし、月一度くらいは村に買物にも行きます」

望みはと聞くと、少し考えてから、

「天国へ行きたいですね」と答えた。

そのとき隣の部屋からラジオの音が聞こえた。ラジオを持っている修道士がいるのですかと聞くと、若い修道士は、あれはわたしのです、ほかの修道士に貸しているのですといった。

デブレ・ダモの修道生活はエチオピア一厳しいと聞いていたが、それはアグレッシヴなまでの清貧と禁欲といったものではないようだった。たしかに女性は入山できないし、動物もメスはいない。だが、私有財産を禁じているわけではない。布施をためてラジオや古着を買うのはかまわない。アバガブレアラガウィ師のように甘いお菓子に目がない修道士もいる。

沼沢さんのエッセイの扉ページに、ラジオを盗んだ小僧さんを山から下ろすといった老修道士の写真が載っている。若い修道士にそれを見せると、この修道士なら知っています、アバウォルデマリアムです、とその名を口にした。

「お会いになりますか」若い修道士がいった。

ぼくは首をふった。そのかわりに、老修道士の写真の載ったページをその場で破いて、若い修道士に渡し、アバウォルデマリアムに会うことがあったら、渡してくださいといった。修道士はうなずいた。

そんなわけで、いまぼくの手許にある沼沢さんの本『神よ、アフリカに祝福を』にはページが一枚ない。欠けたページにさしかかるたびに、デブレ・ダモに吹きわたっていた冷たく乾いた風が吹いてくる。そして、革のロープの鼻の曲がりそうな臭いと、ノミのやむことのない襲撃で一睡もできなかった一夜を思いだし、情けない笑いがこみあげてくる。

靴を闇に放り投げる

スーダン西部のダルフールに向かうために、首都のハルツームから列車に乗った。この鉄道はハルツームからリビア砂漠に分けいり、千二百キロ離れた西の外れの終点ニヤラまでつづいている。

ほかの交通手段としては、長距離トラック、トラックを改造した長距離バス、それに飛行機があった。列車を選んだのは、いちばん情緒がありそうだったからだ。日本にいたときにウィンダムというイギリス人の画家が書いた『ナイルの奥地』というスーダン旅行記を読んだせいもある。そこにはこう書かれていた。

「(スーダン鉄道は)およそヨーロッパでは見られないほど豪勢なもので、寝台車は普通のよりもずっと広くて優秀なスプリングがついている。……寝台車で安眠したのはこれがはじめてだった。」(中西秀男訳) もっとも、著者がスーダンを旅したのはイギリス植民地時代の一九三五年のことなのだが——。

出発の一時間以上前に駅に着いた。屋根もホームもなく、地面に直接敷かれた線路の上に長く連結された列車が停まり、人が波のように押し寄せている。屋上にも人がたくさん乗っている。バナナや揚げパンを頭の上にのせた物売りが大声をはりあげながら往来している。

バックパックを背負って、名前とコンパートメントの番号の書かれた二等のチケットを手に車両へ向かう。扉に殺到する人たちと押しあいながら中に入り、窓際の狭い通路を乗客をかきわけ床の荷物をまたぎつつ、自分のコンパートメントへたどりつくとすでに満席だった。いや、よく見ると、向かいあわせの四人がけの座席の片側は四人だが、もう片側は五人いる。満席どころか一人オーバーしている。

とまどっていると、中にいたひげのスーダン人が「ウェルカム」といって手招きする。といわれても、すわるところがない。座席の間にはスーツケースやダンボール箱、束ねた毛布、穀物の入っているらしい麻袋などが押しこまれ、乗客は膝を屈曲させてその上にうずくまるようにすわっている。

ほかに場所はないかと通路に目をやるが似たようなものだった。人と荷物が複雑に折り重なり、その隙間で脚を縛られたニワトリが情けない声であえいでいる。

しかたなく四人ですわっている側の席に無理やりお尻をはめこむ。五人ずつ向かいあわせになって、身じろぎもできぬ窮屈な姿勢のまま出発を待つ。密着した両隣の汗と体温と体臭が伝わってくる。倉庫に詰めこまれた荷物の気分だ。天井に扇風機がついているが、最後に回ったのは十年以上前だろう。

十人の同室者のうち、ぼくを含めて四人が外国人だった。一人は短パンを履いた大柄で若い白人バックパッカー、あとの二人も白人の男女で、男のほうはカーキ色のサファリスーツを着ている。バックパッカーには見えない。ずっと不機嫌そうに顔をしかめたままで、声をかけてもろくすっぽ返事もしない。連れの女のほうが見かねたのか、自分たちはイギリス人の兄妹で、ハルツームの学校で教員をしているといった。

「初めての休暇でニヤラまで行くの。でも、こういう列車だとは思わなくて、びっくりしたわ」妹が憂鬱そうな目をしていった。兄もびっくりしたのだろう。ぼくもびっくりした。

一方、バックパッカー風の白人は、こういう旅に慣れているのか、大きなからだをもてあまし気味に丸めて、ぼろぼろのペーパーバックを広げ、ときおり顔を上げては、にやにやしている。目が合うと、含みのある薄笑いを浮かべて肩をすくめた。オーストラリア人でマックという名だった。

その他の乗客はスーダン人で、最初に話しかけてきたひげの男、分厚いレンズのめがねをかけた無口な老人、青いジャケットを着た声の大きな男、あずき色の上下を着た中年の男、それに小さな娘を連れたベレー帽に軍服の若い兵士だった。

列車は予定時刻から三時間ほど遅れて、ゆるゆると動きだした。スピードはせいぜい三十キロ程度。線路の整備がなされていないせいか、車両はしばしば小舟のように大きく左右にゆれる。屋根の上の人たちは大丈夫なのだろうか。

窓の外には、道路や電柱や工場のような建物やタンク、砂利の山などがつづき、その向こうに荒れ地が空虚に広がっている。

ようやく走りだしたというのに、列車はやたらと停車する。駅もないのになぜ停車するのかわからない。そのたびに乗客は砂地に散らばり、遠くのほうでしゃがんで用便したり、地面に小さなじゅうたんを広げて礼拝したりしている。しばらくすると列車はゆるゆると動きだし、また唐突に止まる。それをなんどもくりかえす。

ずっと押し黙っていたサファリスーツのイギリス人の男が「いったい、いつニヤラに着くんだ！」といらだたしげに声をあげた。忍耐の限度を超えたらしい。

それはぼくも気になっていた。駅にいたスーダン人に聞いたところでは、二日という人もいれば、三日という人もいた。だが、このペースだと三日で着くとは思えない。「心配しなさんな」と英語の話せるひげのスーダン人がなだめるようにいった。「この列車はいつかはまちがいなくニヤラに着くんだから」

さらなる悩みのタネは、同室者の持ちこんだラジカセだった。それも一台ではない。青ジャケットの男とベレー帽の兵士がそれぞれ自分のラジカセを競うように鳴らす。もう少し音を小さくしてほしいとたのむと、しばらくは小さくしてくれるが、いつのまにか元に戻っている。

日が暮れても、車内に灯りはつかない。真っ暗なコンパートメントには蚊が飛びまわり、ビブラートの効いたねばりつくような現地の流行歌が闇の中に垂れ流される。

夜遅くなって列車は町の中の駅に停車した。

「ワド・メダニです」とひげのスーダン人が教えてくれた。ハルツームから距離にして百四十キロくらいだという。出発してから八時間。平均時速にして二十キロ以下だ。この先もこの調子なのかと思うと、暗い気持ちになった。

車外に出てからだをのばしてからコンパートメントに戻ると、イギリス人兄妹が網棚にのせた荷物をあわただしく下におろしている。

「どうしたんですか」妹のほうに声をかけた。

「ここで降りるの」

「えっ？　ニヤラまで行くんじゃなかったんですか」

「そのつもりだったんだけど、思ったよりたいへんそうだから……」

兄は荷物を手にすると、挨拶もせずコンパートメントをあとにした。

「よい旅をね」と妹がいった。

「ありがとう、あなたたちも」

二人分の座席が空いた。これで少し広くなると思うと、ほっとした。とはいえ、もともと八人がけの席だ。これで本来の満席になったというわけだ。真っ暗な中、からだをよじりながら、少しでも寝やすい姿勢を探す。しかし畳二畳くらいのスペースに八人はやはり窮屈だ。

夜中になってもラジカセの音楽はやまない。やっとテープの再生が終わってほっとしていたら、こんどはおしゃべりがはじまる。とくに青ジャケットの男の声がでかい。それも会話ではなく、演説のように、ずっとひとりでしゃべっている。さすがにむかついて「うるさい！」と怒鳴るが、青ジャケットは意に介さず、自分の言葉に酔っているかのようにしゃべりつづける。暴力的な衝動がこみあげてくる。それでも、ときどき闇の中から話に合いの手が入る。聞いている人もいるのだ。

ほとんど眠れぬまま朝を迎えた。オーストラリア人バックパッカーのマックもさすがにこたえたようで、コンパートメントを抜けだして、どこかへ行ってしまった。同室の男たちはそれぞれに歯磨きをし、口に含んだ水を窓から外へ吐きだし、それから目の粗いクシで頭頂部に向けて髪をすき、水を手にとって腕と顔と髪にすりこんだ。それが朝の作法のようだった。

まもなく列車は大きめの駅に着いた。コスティという白ナイル川のほとりの町。魚の揚げ物を売る人たちが線路沿いに並んでいる。乗客は朝の礼拝に行ったり、水を汲みに行ったり、用便をすませたり、買い物したりしている。屋根の上を見ると、ハルツームで見たときより人が増えている。マックも屋根の上にいた。避難したらしい。

コンパートメントに戻ると、ちょうどみんなで朝食を食べるところだった。同室者の一人が、プラスチックの洗面器をとりだし、大きな瓶に入ったジャムの中身をすべてあけた。そこに各々がちぎったパンをつけて食べる。魚の揚げ物をおかずに、ぼそぼそしたパンに甘いジャムをつけて口に運んだ。ジャム一瓶を一回であけてしまう朝食は初めてだった。

コンパートメントにゆとりができたせいで、気持ちにも少しゆとりが出てきた。もっと脱落者が出ればいいのにと思った。

あいかわらず理由のわからないまま長時間停車したり、突然の軍による全員の荷物チェックがあったり、財布をすられそうになったり、「中国人、中国人」と囃したてられたりと気持ちを逆なでするものはつぎつぎと押し寄せてきたが、それも鉄道の旅ならではの情緒だと思うことにした。

それでも、青ジャケット男だけはどうしても気にさわった。背がひょろりと高く、腕も脚も細く、目尻の垂れた大きな目をカールした長いまつげがかこんでいるこの男は傍若無人を絵に描いたようなやつだった。起きている間じゅう、相手がいようといまいと、早口で甲高い声でしゃべりつづけている。

ときどきアラビア語の雑誌を広げ、大声で記事を朗読する。黙読ができないのか、字が読めることを自慢したいのかわからない。見ていると、適当なページをひらいて少し読んでは、また別の適当なページをひらいて読みはじめる。内容を理解しているようには見えない。

ぼくがほかの人と話しているときも、かならず口をはさんでくる。ひげの男と英語でしゃべっているときも、青ジャケット男はアラビア語で強引に会話に加わり、いつしか彼の独演になっている。演説が一段落するとラジオのニュースを流し、それに対して朗々とひとりでコメントしはじめる。

それでも、同室者のだれひとりとして文句をいったり、たしなめたりしない。寛容なのか、無頓着なのか、鈍感なのかわからない。少なくとも青ジャケットにいらだちを覚えているのは自分だけであり、その気持ちをだれにもわかってもらえない孤独が身にしみてきた。自分の器の小ささが情けなくもあった。

そんなとき、マックがコンパートメントにやってきて、

「屋上に来いよ。中よりもずっと快適だぜ」といった。

青ジャケットから逃れられるならと誘いに乗ることにした。連結器のはしご伝いに屋根に上がると、たしかに気持ちがいい。日射しはきついが、風があるので汗もかかない。なにより眺めがいい。低木が散在する荒れ地がどこまでもつづく。

屋根の上には列をなすように人が乗っている。屋根はかまぼこ型に湾曲していて、うっかりしているとすべり落ちかねない。夜はどうやって寝るのだろう。マックに聞くと、シュラフをひもで屋根の上の金具に縛りつければいいという。そんなんで大丈夫なのか。

マックは体格がよく、腕も肩も筋肉が盛りあがり、レスラーかと見まがうほどだった。しかし、その大きなからだとは対照的に荷物はとても少なかった。小さなデイパックに着替えとシュラフ、それに水筒用のポリタンクとアルミのカップと一冊のペーパーバック、持ち物はそれだけ。カメラも持っていない。家を出たのは十代のときで、もう五年以上旅

をつづけているという。そんなに長く旅している人に出会ったのは初めてだったから、いろいろ聞きたかったが、マックは荷物と同様、口数も少なかった。

「旅の目的とかはあるの？」

「好きだからさ」

「ニヤラからはどうするの？」

「中央アフリカへ向かい、そこでビールを飲む」

「家にはいつ帰るの？」

「わからない」マックは肩をすくめた。

ゆるゆると走る列車の屋根の上でマックと乾いた風景を眺めていると、唐突に停車した。突然の停車はめずらしくないが、どうも様子がおかしい。後部車両の屋根の上で乗客が騒いでいる。コンパートメントに戻ってみると、ひげの男が、屋根から人が落ちたらしいと教えてくれた。そのことに気づかぬまま列車はかなり走ってしまったという。

おおぜいの人たちが列車を降りて、線路の脇を後ろへ向かって歩いている。転落した人の救出に向かっているらしい。やがて列車ものろのろとバックし、一キロほど戻って止まった。

「死んでいたそうです」とひげの男がいった。

現場を見に行ったわけではないのに、噂が伝わるのは早い。

「なんで落ちたんですか」

「さあ、よくあるんですよ。屋根の上で居眠りでもしていたんでしょうな」

「なんで屋根にたくさん人が乗っているんですか」

「ああ、屋根の上はタダなんです」

それから列車は前の駅までひき返し、そこで遺体を降ろした。その作業にまた半日。転落死した人には気の毒だが、これでまたニヤラに着くのが遅れるのかと思うとため息が出た。

四日目の午後、列車はゆるやかな登り勾配にさしかかった。しかし、車両が重すぎるせいか、登りきれずに途中で止まってしまった。どうするのだろうと見ていたら、数百メートルひき返してから、発動機を全開にして驀進を開始した。助走をつけて勾配を乗り越えようというのだ。

発動機はうなりをあげるが、スピードはたいして出ず、また勾配の途中で止まってしまった。列車はふたたびバックし、三十分ほど時間をおいてまた驀進。しかしまた失敗。ここで重さを減らすためか乗客は降りるようにといわれる。そもそも車両をつなぎすぎているのが問題なのではないのか。結局、乗客の半分くらいは降りたが、半分くらいは車内や屋根の上に残っていた。

しかし、これが功を奏したのか、その後なんとか勾配をクリア。あきらめなければ夢は叶う！　ところが喜びもつかの間、列車はまた止まった。発動機を酷使しすぎたせいらしい。ここからニヤラまでは登り勾配がつづくので、次のババヌーサというジャンクションの駅で機関車を交換することになった。この作業にまた半日。

しかし、機関車交換のおかげか、ババヌーサからはがぜん調子がよくなった。ニヤラまでは約三百八十キロ。前の機関車なら二日か三日はかかったかもしれないが、このペースなら明日にはニヤラに着けるかもしれない。

「夜は星がすごいぜ」というマックの言葉に誘われて、シュラフを持ってまた屋根に登った。明日ニヤラに着くのなら、屋根の上で最後の夜を明かしたい。人が落ちて亡くなったばかりだが、自分に限ってそんなことはないと思った。

マックのいうとおり、星がすごかった。無数の星々が渦巻く煙のように夜空を覆っている。その星煙を分けるように、ひときわ濃密な光の流れが列車の斜め前方から後方へ向けて弧を描いている。天の川だ。動きはほとんどないが、ときおり、流れ星が短い光跡を描いては消えていく。

地上に灯りはいっさい見えない。それでも星明かりのせいで、暗いモノトーンのブッシュが地平線まで広がり、そのふちから星が湧きあがってくるのがわかる。にぎやかな夜空と空虚な地上の間を発動機の重く鈍い音、鉄の車輪が線路を噛む音、夜の冷たい風のうなる音が駆けぬけていく。

機関車を替えたためにスピードが上がり、車両はこれまで以上に左右に大きく振れる。ぼくとマックは湾曲した屋根に脚を広げてまたがり、ふり落とされないように真ん中に突き出た四角い金具にしがみつく。それでも気は抜けない。

ところが、そんな状況にもかかわらず、マックが、オレはバング（大麻）を少しだけ持っている、ここでやろうといいだした。なに考えてるんだ。落ちたらどうするんだ。やだよ、というと、マックは大丈夫、これはごく弱いやつなんだといってすすめてくる。そこで渡されたバングのジョイントを少しだけ吸う。とくに変化は感じない。これなら落ちることもないだろう。

しかし、マックもぼくも落ちなかったが、マックの靴の片方が屋根から転がり落ちた。脱いだ靴のひもを金具にくくりつけようとして手がすべったのだ。靴はすぐ見えなくなった。マックの靴は頑丈そうな革製のトレッキングシューズだった。長い旅を経てくたびれてはいたものの、いい感じに年季が入っていた。マックは口をとがらして鼻を鳴らし、しばし黙っていたが、突然残っていたもう片方の靴を手にとると夜の闇に向かって思い切り放り投げた。

「ああっ」とぼくは声をあげた。靴が落ちたことより、マックがもう片方の靴をためらうことなく投げ捨てたのがショックだった。そこになにか無慈悲なものを感じたのかもしれない。片方しかない靴が使い物にならないのはわかる。でも、自分はマックのように、それを即座に投げ捨てられるだろうか。片方になった靴を手に逡巡し、結局捨てられず、背中のリュックに放りこんで、やがてそのことも忘れて歩きつづけるのではないか。じつは、いまもそんな使い物にならなくなった考えや思いこみやしがらみなどでいっぱいになったリュックをそれと知らずに背負いつづけているのかもしれない。そんな考えが一瞬の間にぐるぐる脳裏を駆けめぐったのはバングのせいだったのかもしれない。

夜が更けてきたので、寝る支度をはじめた。屋根には二メートルおきくらいに突き出した金具がある。この二つの金具の間にシュラフを置いて、その中で仰向けに寝られるようにしたい。そこで頭の側の金具にストラップを巻き、それを両脇の下に通して上半身を固定し、足元の金具に巻いたストラップで下半身を固定した。寝心地はよくない。背中は固くて、冷たいし、列車の振動がじかに伝わってくる。それでも、見あげると天空の星空は凍りついたようで、自分が宙に釘づけにされて静止しているような錯覚の中で眠りについた。

ところが、眠りのさなか、突然下半身が左側にずり落ちる感覚があり、つづいて上半身も下のほうへひっぱられていくのに気づいた。半睡状態ながら、反射的に手がかりを探したが見つからない。脚も自由にならない。覚醒してきた意識の中で、まずい、と思ったとき、腕が強い力でつかまれた。マックだった。そのとき自分がシュラフに入ったまま、列車の片側に宙吊りになっていることに気づいた。疾走する列車の振動でシュラフは激しくゆさぶられている。足元の金具のストラップが外れて、上半身のストラップ一本で金具からぶらさがった危険な状態だった。

マックにつかまれた腕が力強く引きあげられるのを感じた。このときほど人の手をたのもしく感じたことはなかった。神の手というものがあるとしたら、こういう手にちがいない。気がつくと、ぼくは屋根の上に腹ばいになって金具にしがみついていた。風が耳元でうなりをあげていた。

頭がはっきりしてくると、遅れて恐怖がやってきた。列車の振動のように心臓が激しく脈打った。マックが「危なかったな」といって、手でぼくの背中をぽんぽんと叩いた。ぼくを引きあげてくれた手だ。片方の靴を放り投げた手だ。どちらも同じ手だ。

「ありがとう、マック、起きていたの？」

「ああ」マックはあいかわらず無口だった。

時計を見ると午前二時だった。もし、マックが眠っていたら、ぼくを引きあげる手はなかったかもしれない。たとえ起きていても、レスラーのように屈強でなかったら、引きあげられなかったかもしれない。一方で、日中まわりにたくさん人がいながら引きあげる手に出会えず落ちた人もいる。運命はあざなえる偶然のはからいから成っている。

列車がニヤラに着いたのは、この日の午後だった。ハルツームを出発して五日が過ぎていた。ひげのスーダン人の「この列車はいつかはまちがいなくニヤラに着くんだから」という言葉は正しかった。

マックとはニヤラで数日同じ宿に泊まった。そのあとマックはトラックで中央アフリカへ向かった。あれからマックには会っていないし、もう顔も思いだせない。けれども、だれかと握手をするとき、ふいにマックの手を思いだすことがある。そして、自分の手は引きあげる手なのだろうか、それとも引きあげられる手なのだろうかと思う。でも、きっとどちらも同じ手だ。

水浴の午後

旅先で出会った人と帰国後に連絡をとることなどめったにないのだけれど、あなたに連絡をとってみようと思ったのは、別れぎわにした約束を、ひょっとしてまだ覚えてくれているのではないかという、かすかな期待があったからかもしれない。とはいっても、ナプキンの切れ端に書いてくれた連絡先に宛てて葉書を書いたのは、あれから、まる二年もたってからのことだった。

おひさしぶりです、どうしていますか……。近況をたずねるだけの変哲のない文面を書きながら、絵筆を持つあなたの手許を思いだしていた。ゆったりとした腕の動きと手首のしなやかなひねりが、筆先の運びと一体となって、白い紙の上に水の流れるような細い筋を何本もひいてゆく。その舞うような動きにあわせて、重なりあう筋の流れの中から、植物の茎や葉のかたちが浮かびあがってくるさまは、見ているだけで酩酊にも似た不思議な昂揚感を覚えたものだ。

けれども、はなはだ失礼な話だが、顔となると、ぼんやりとしか浮かんでこない。白いTシャツに包まれた背中や、華奢な肩の上に乗った細いうなじや、蛙のピアスをつけた耳などは、あの雨季のはじめのしっとりと重い大気の匂いとともに、いまでも生々しく思いだされるのに。

おそらくそれは、絵を描いている姿を、いつも背後から見ていたからかもしれない。あなたのお気に入りの場所は宿と外の通りを結ぶ用水路沿いの道端だった。用水路の向こうには田んぼが広がり、のびはじめた稲が風が吹くたびに波のようにきらめいていた。あなたは小さな椅子に腰かけ、背中を少し丸めて畦道に生える草花を熱心に写しとっていた。

外に出かけるたびに、後ろを通ったから、挨拶がてら声をかけていたのだけれど、はじめは、返事もしなかったし、ふりむきさえしなかった。あなたの片方の耳が聞こえないことを知るまでは、無愛想なやつだと思っていた。

それでも、ふとのぞきこんだ絵に惹かれたのは事実だ。一見、写実的なのだけれど、どこか目の前の植物と印象がちがう。かといって、地元の絵師が好むような極端に様式化された画風でもない。目をひいたのは、画題に選んでいたのが、チュンパカのような美しく見栄えのする花ではなく、虫に食われた実とか、竹の根とか、腐りかけた花といったものだったことだ。それははじめ、この土地の絵の題材にふさわしからぬものに見えた。だが、盛んな生命力のあるところには、盛んな死がある。生命の循環は、絶えざる死によって支えられている。絵を見ながら、そんなことを思った。

――植物が好きなんですか？

なにかの折、そう声をかけたとき、めずらしく、こちらをふりむいた。

――そうね、とくに好きってわけじゃないんだけど、最近は植物ばっかりかな。

――前はちがうものを描いてたんですか？

――うん、風景とか人の顔とかね。でも、そういうもの描いていると他人が寄ってくるのね。話しかけられても、わたし耳が悪いからよく聞こえないし、わずらわしかったし。

――それで植物を？

――植物って無難なのよ。描いているのが草や花だとわかると、とたんに興味をなくしちゃう。寄ってきても、すぐ飽きてどこかに行っちゃう。

こんな話を聞いた以上、当然ぼくもすぐどこかへ行っちゃうべきだったのかもしれない。しかし、同じ宿で、しかも泊まり客が自分たち二人だけだったから、口をきかないと気まずくもあった。挨拶をくりかえすうちに、植物を描くのには無難だからという以外の理由もあるらしいことがわかってきた。

――植物には流れがあるの。固定されたかたちではなくて、うねったり、ねじれたりしながら、広がろうとする生命の流れ。最初はひたすら植物のかたちだけを丹念に写していたんだけど、そのうちに自分が惹かれているのは、かたちじゃなくて、この生き生きとした流れのほうなんだって気づいた。

――流れ？

――そう。種から芽が出て、そこから茎や葉が流れだし、つぼみから花が流れだし、香りや蜜が流れだす。その流れに惹かれてやってきた虫や鳥が植物の命をむさぼると、こんどは植物の命が虫や鳥となってさらに流れていく。植物を描くのは、絵筆を通してその流れとひとつになりたいと思うからかもしれない――。

ときおり断片的な会話をするようになったものの、あなたとの間にはいつも遠い隔たりが横たわっているように感じていた。そこにいるのに、そこにいないというか、なにかを話していても上の空なことが多く、こちらの発した言葉が行き場を失って立ち消えてしまうように感じられ、心もとなかった。

日の暮れかかるころ、よく用水路の前に置かれた縁台の上で、瞑想でもしているのか、上体をのばして、あぐらをかいてすわっていた。そんなときのほうが、話しているときより、あなたがそこにいるように感じられた。あなたは言葉の中にはいない人だった。

どんな旅をしているのかも知らずじまいだったし、名前すら聞かなかった。でも、旅の出会いはたいていそういうものだ。ここをあとにしたら、あなたについてのささやかな記憶もすぐに色あせて思いだすこともなくなるだろう。そう思っていた。

だから、ある日、ふいに、あした行くところがあるのだけれど、よかったら、いっしょに行かない、と声をかけられたときには驚いた。

——どこへ行くんですか。

——わたしの先生のところ。

——絵の先生？

——そういうわけじゃないけど、そうともいえるかも。

あなたは無表情にいった。

翌朝早く、村の停留所からバスに乗った。あなたはすぐに目を閉じて寝てしまったので、道中ほとんどしゃべらなかった。途中二回ほどバスを乗り換え、四時間ほど行った小さな村の入口で降りた。

——ここですか？

あなたは返事もせずにお供え物らしき包みや紙ばさみを抱えて先に歩いていく。その背中を見ながら、あとについていった。小さな集落を抜け、遠くに緑の山並みをのぞみながら、木々に覆われたなだらかな裾野を登り、そこから平坦な山道をしばらく行くと視界がひらけ、草に覆われた場所に出た。

真昼の光を浴びた草原の中を道はなだらかに下っていった。やがて涼しげなせせらぎの音が聞こえてきた。花が咲き、鳥が鳴き交わしている。こぢんまりとした棚田もあり、心地よい風が吹きすぎてゆく。

ふいに谷間の窪地に幾何学図形のように整地された広場が現れた。広場の前には大きな草葺き屋根の建物が立っていたが、なにより目をひいたのは、広場の中心にそそり立つ高さ三メートルもあろうかという真っ白な巨大なリンガ（男根像）だった。こんなところに寺院があるとは。しかし、この島の伝統的な寺院ではふつうリンガは祀られない。どういう寺院なのだろう。

リンガは無数の花々や果物や色鮮やかな砂糖菓子などにとりまかれていた。あなたもリンガに近づくと、持参したお供えの品をそこに並べた。

建物の中から腰に布を巻いた男性が現れた。にこやかな笑みを浮かべ、片腕に小さな子どもを抱えている。あなたは駆けよって、その前にひざまずいた。男性は子どもを抱いたまま、なにやら唱えている。あなたは頭を垂れて合掌している。それが終わると、持ってきた紙ばさみを、その人に渡した。紙ばさみには絵が束ねられていた。男性は絵を一瞥すると、大きく二、三度うなずいて、後ろにいた妻らしき女性に渡した。

男とその家族が家に戻ると、あなたは山に入ってから初めて口をひらいた。

――ここでは歩く道が決められているの。道に置かれた敷石の上だけを歩くこと。まわりの草や木や地面に触れてはだめ。

――どうして？

――どうしても。そういうことになっているの。

そういうと、口に指をあて、しずかに首をふり、それから先に立って軽やかな足どりで敷石の上を渡りはじめた。石の道は水辺へとつづいていた。幅二メートルほどのおだやかな細い渓流。対岸から流れの上にひさしのように茂った枝葉が日射しをやわらげている。

サンダルを脱ぎ、流れに足をさしいれて上流へ歩いていく。水は浅く膝下くらいまでしかない。少し先の岩陰のところで、ここで水を浴びるのよ、というと着ていた服を脱ぎはじめた。一瞬呆気にとられたが、なにか魔法にでもかけられたように、こちらもつられて少し離れたところで服を脱ぐと、膝を抱えて清流に身を沈めた。

冷たく澄みわたった水が、火照ったからだに気持ちよかった。葉むらを透かして降り注ぐ午後の日射しが、まわりの岩や水面にゆらめく光の模様をたえまなく映しだしていた。

川上に頭を向けて仰向けになってからだをのばすと、水がからだの内部を通りぬけて、指先や足先から流れだしていくようだった。

ここはどこなのかとか、あなたがどういう人なのかとか、さっきの男性はだれなのかとか、どうして岩をはさんで裸で水浴しているのかとか、これからなにがあるのかとか、頭の中でぐるぐるうごめいていたいろんな疑問や考えも、ことごとく洗い流されていった。

ふりむくと岩陰から細いうなじと華奢な白い肩が見えた。ぼくが冷たさに耐えかねて水から上がってからも、なかなか上がってこなかった。つぶやくようなせせらぎの音に包まれ、午後の光を浴びながら、長いこと清流に身をゆだねている姿を想像した。

その夜は満月だった。谷間に注ぐ月の光が、寺院の広場を明るく満たしていた。その中央に巨大なリンガが天につながるきざはしのように青白くそびえ、寺院の信徒なのか、数十人の男女がまわりをかこんでいた。ガムランのきらびやかな響きとまとわりつくような朗唱がいつ果てるともなくつづいていた。なにかの祭りか儀礼なのだろう。

夜は男性の信徒たちと同じ小屋の中で寝た。寝る前に外で月明かりを浴びながら、少しだけ話をした。

――どうして、ぼくをここに誘ってくれたんですか？

あなたはしばらく黙っていた。

――わからないわ。

月明かりにそびえるリンガのほうを、あなたはぼんやり見ていた。

――わからない。

もういちどいった。

――ここはどういうところなんですか？

あなたは変わらずリンガのほうを見ていた。

――どういうところって、こういうところよ、いまここにいて見ているでしょ。

――でも、なんていう寺院なのかなと思って。リンガがあるのも変わっているし……。

――それがわかると、なにかわかったことになるの？

あなたはしずかに首をふった。そのとおりだった。ここにいるのに、「ここはどこ？」なんておかしな話だ。そうか、とそのとき気づいた。遠い隔たりを感じたのは、あなたがそこにいなかったからではない。ぼくがそこにいなかったのだ。あなたは、いつもそこにいたのだ。

満月は中天にかかって、ますます輝きを増していた。いつのまにかガムランの音はやみ、蛙の声があたりを満たしていた。

翌日、寺院をあとにして、バスを乗り継いでまた宿に戻った。その次の日、あなたは村を出るといった。

　あなたが宿を発つ前に、絵を一枚くれませんか、とぼくはいった。どうしてそんなことをいったのかわからない。記憶をつなぎとめておきたかったのかもしれない。そうでもしないと、すべてが夢だったような気がしてしまうと感じたからかもしれない。あなたは、絵はみんなあげちゃったから、もうないの、といった。

　――ならば、いつか、くれますか？

　あなたはちょっと驚いたような顔をしてから、いいわよ、といった。意外だった。断られるかと思っていた。

　――じゃあ、連絡先を教えてください。

　――連絡先なんてないわ。

　――なんでもいいから教えてください。

　無理な申し出にもかかわらず、ポケットからナプキンの切れ端をとりだすと、そこに日本の住所を書いてくれた。

　――実家なんだけど、十年も帰ってないから、あるかどうかわかんないけど。

　そのとき初めてあなたの名前を知った。

それから二年が過ぎていた。書いてもらった住所に葉書を出してまもなく、一本の電話をもらった。あなたの母親だった。ひどく緊張した声で、◯◯がお世話になって、どうもありがとうございます、といった。あの子のことを教えてください。写真があるならぜひ見たいんです。あの子がなにをしゃべったのか。ずっと帰っていないんです。どんなに小さなことでもいいですから、ご存じのことを教えてくださいませんか。

ぼくはうろたえた。自分になにがいえるだろう。顔はよく覚えていません。写真もありません。耳に蛙のピアスをしていました。いつも絵を描いていました。植物の絵です。腐りかけた花とか、地面に落ちた実だとか。焼きそばを食べていました。マンゴスチンという果物を食べているのも見ました。用水路の前の縁台で、夕日を眺めながら長いことすわっていました――。「あの子について知っていること」をしゃべりながら、だんだん情けなくなってきた。

お母さんを慰めるような言葉を口にして電話を切った。でも、あの寺院のことはいわなかった。あの場所は、きっとあなたにとって、とてもだいじななにかと関係があったのだと思う。でも、それを伝えていいものかどうかわからなかったし、伝えるための言葉も見つからなかった。

もうあなたに会うことはないだろう。会えたとしても、なにも話せそうにない。内心では、あの巨大なリンガのある風変わりな寺院や、絵を渡した「先生」のこと、満月の夜の祭りのこと、そしてあの夢のような水浴の午後について聞いてみたい気もする。でも、そんなことを口にしても、あのときと同じように、あなたはしずかに首をふって、あなたはそこにいたでしょ、というだけなのかもしれないけれど。

雨宿り

すてきな庭。お寺の庭って日本のしか知らなかったから、この野性的な感じがとても新鮮。こんなふうに雨が降っていると、いっそういい雰囲気ね。苔むした石壁とか、あそこにある大きな木はバンヤンっていったっけ、からみあった蔓の感じもとても好き。あの壁や門のほかには、ほとんど手が入ってないのに、すべての配置が絶妙に感じられる。

庭って不思議ね。一日の間でも時間が移り変わるごとに、まるでちがって見えるし、晴れているときと、いまみたいに雨の日とでも、ぜんぜん印象がちがう。だから、いつまで眺めていても飽きない。

昔、といっても十年はたっていないのだけど、アメリカに留学していたとき、ガーデニングのクラスをとっていたの。ガーデニングなんてぜんぜん興味なかったんだけど、なんとなく庭園のことなら、日本人なら単位とるのも簡単かなって思って。

そこはサンフランシスコ郊外のアートスクールで、わたしがとったのは「茶庭」みたいな伝統的な日本庭園のことを勉強するクラスだった。茶道とかZENについての講義もあった。学生のほとんどは白人のアメリカ人で、あとドイツ人や南米出身の学生もいた。いちばんびっくりしたのは、そこの学生たちが「庭」を語るときのあがめたてまつるような語り口だった。竹藪とか庭石を、すごく神秘的なものみたいに考えている。龍安寺の石庭のスライドが映しだされると、学生の間からため息がもれて、そのあとその哲学的な意味についてえんえんと議論がつづいた。

先生に「きみは日本人だよね。どう思う?」って聞かれたんだけど、龍安寺なんて教科書で見た記憶くらいしかなかったし、お茶にも禅にも興味なかったから、とくになにも思わない、としかいえなかった。すると、先生が、それだ、なにも思わないというのが「無」というものだ、それが庭のスピリットだ、とかいうの。そうすると学生たちが大きくうなずく。笑いだしたくなっちゃった。

あるときクラスのみんなで先生の家に招かれたことがあった。頭を坊さんみたいにそりあげた四十代くらいの白人のおだやかな先生だった。旅先で買ったインドの木彫りの神様の像とか、チベットのタンカ（仏画）とかが飾ってあった。先生の家の庭は、自分でつくった日本庭園になっているんだけど、これがわたしの感覚からすると、どう見てもへんちくりんな代物だった。玉砂利を敷いて岩を置いて、枯山水風にしているのだけど、そこに土産物っぽい仏像や小さな鳥居みたいなのが置いてある。「なに、これ？」て感じ。でも、ほかの学生たちはみな大まじめで感心してた。

そんなクラスだったんだけど、ゴールデンゲートパークにある本格的な日本庭園をみんなで見に行ったり、作庭の実技もあったりして、とても楽しかった。おかげで、それまでなんとも思わなかった庭に興味が湧いたんだ。

帰国して就職するときも、庭づくりの仕事をしようって決めていたのね。でも、どこに行けばそういう仕事ができるのかわからなくて、結局、大きな造園会社に就職した。

わたしは現場で作庭をしたくて入ったんだけど、女の子がこんな業界に入ってくること自体がめずらしかったんで、なんかあちこち連れていかれて宣伝に使われちゃった。ポスター用の写真を撮られたり、接待に連れまわされたり、要するにキャンペーンガールみたいなことをやらされた。

それでいやになって、そこをやめたあと、こんどは五人くらいでやっている小さな会社に入った。そこは親方が道楽でやっているような会社だった。親方のお爺さんが相場で当てて、すごい土地持ちなの。土地を切り売りすれば楽に暮らしていけるのに、庭づくりが好きだったんで、この仕事をはじめたんだって。

仕事は個人のおうちの作庭が中心だった。といっても、仕事の内容はほとんどゴミ拾いみたいなもの。庭ってほんとうは半年くらいごとに手入れして、木を切ったりするのがいいんだけれど、お客さんたちはそれだとお金がかかるんで、一年に一度ですむようにしたがるんだよね。そうなると、木の枝もたくさん切らなくちゃいけないし、ゴミもたくさん出る。それをかたづけるのがわたしの仕事だった。

庭師の仕事って障害物競走みたいなの。大工さんがいると、おまえたちは汚すから俺たちのあとだっていわれたり、エレベーターがあっても、大工さんの仕事が終わるまで乗せてもらえないとかね。門の小さい家に大きな石を持ちこまなくちゃいけないとか、地面を掘っていると水道管が出てきたりとかで、つぎつぎと障害物が登場する。まるで戦いのよう。でも、仕事はすごく楽しかった。楽しくてしかたなかった。

でもね、わたし、その仕事やめたの。体力的にきつかったのもあるんだけど、ほんとうの理由はちがった。

庭師の仕事って、二人一組になってやるんだけれど、わたしと組んでいた人は植木屋さんの息子で、もちろんわたしより経験があった。でも、わたしみたいな力のない者と組んだから、彼はその分までカバーしなくちゃいけなかったのね。わたしが半人前なものだから、彼が一・五人分仕事しなくちゃいけなかった。申し訳ないなあっていつも思っていたんだけど、彼はとても気遣いが細かくて、まるで気にかけていないようにふるまっていた。あるとき、大きな石を移動することになった。彼が石にワイヤーをかけて、わたしがクレーンで吊りあげようとした。わたし、クレーンの免許持っているんだよ。彼が、いいよっていうので、クレーンを上げたんだけど、そのとき石がすべってワイヤーから抜け落ちてしまった。落ちた石が、彼の指をつぶしてしまって、結局、彼はそのために指先を失うことになった。

彼は、ぼくのせいだ、ぼくのワイヤーのかけ方が悪かったんだっていった。わたしも、彼のいったとおりにクレーンを上げたつもりなんだけど、それでも、とてもつらかった。それまでの仕事の中で、彼に負担をかけていたのは事実だった。それでも彼は咎めるようなことはいっさいいわなかったし、親方もなにもいわなかった。でも、わたしのショックは大きくて、そのまま仕事をつづけていく気力が湧かなくなってしまった。わたしはここにいちゃいけないんだ、って思った。

それからしばらくした六月のある雨の日、親方の家を訪ねて、やめさせてくださいっていったの。一応健康上の理由っていったんだけど、どきどきしてしまって、ほんとうはなぜやめるのか、自分の気持ちをうまく親方に伝えられなかった。だから親方は誤解したかもしれない。ほんとうは、彼が指を落としたのはわたしのミスのせいなんじゃないか。彼がわたしをかばって黙っているんじゃないか。わたしもそのことを知っていながら黙っているんじゃないか。そんなふうに親方に思われたかもしれない。

そのとき親方はわたしの顔を見つめて、こういった。やめるのはわかった、だが途中でやめるからには、もう二度とうちの会社にも、うちの若い衆にもけっして連絡をとらないと約束してくれ。わたし、わかりましたっていった。そのあと親方がつけ加えた。ただし、あんたの使っていた湯呑みだけは取りに来ていい。あれはあんたにあげたものだから、持って帰ってくれ。

その湯呑みっていうのは、親方が、社員一人ひとりの雰囲気や性格にあわせて選んでくれたものだった。わたしの湯呑みは口をつけるあたりが上品な青磁色で、それが湯呑みの底に向かって薄いピンクへと変わっていく。夜明けの空みたいに繊細な色づかいだった。わたしはちっとも繊細な人間じゃないけれど、親方がその湯呑みを選んでくれたのが、うれしかった。毎朝、その湯呑みでお茶を飲んで、それから仕事にかかったの。

湯呑みは会社の事務所に置いてあった。でも、取りに行ける気がしなかった。自分には、とてもその湯呑みを受けとる資格なんかないっていう気がした。

親方の家を出たあと、そのまま家に帰る気になれなかった。それで、なんとなく電車に乗って、昔行ったことのある古いお寺に行ってみた。着いたときはもう夕方で、雨のせいで庭が暗くて、石とか竹藪とかあじさいの花がすっかり濡れそぼっていた。そう、いまのこの庭の雰囲気に似ているかな。

だれもいなかった。縁側で、ひとりで雨の庭をぼんやり眺めていたんだけど、暗くなるにつれて雨も風もだんだん激しくなって、竹藪が見えなくなるくらいの降りになって、縁側にも雨が吹きこんできた。

でも、そのままずっと雨に打たれていた。もっともっと雨に打たれて自分なんか流されてしまえばいいと思っていたのかもしれない。気がつくと、泣いていた。雨の音が大きかったので、どんなに声をあげても、だれにも聞こえないし、雨粒が顔に吹きつけてくるので、涙もすぐに洗い流されてしまう。だから、安心して泣けた。

ああ、悲しかったんだ、とそのときやっと気づいた。涙のほうが先にどんどんあふれてきて、悲しみがあとから追いかけてくる。それがおかしくって、泣いているのに笑いがこみあげてきて、そんな自分が情けなくてまた悲しくなるの。どうしてこんなことしゃべっているのかな。きっとこの雨の庭のせいね。

どのくらいそこにいたのか覚えていない。小降りになったときには、もう真っ暗だった。

わりと山の中だったんだけど怖くなかった。たくさん泣いたせいか、すっきりした気分だった。人生であんなに泣いたのって初めて。全身ずぶ濡れで、駅まで歩いて、コンビニでビニールの雨具を買って、それをはおってタクシーに乗った。でも、ひどい風邪をひいて二日寝こんでしまった。

このことがあってから、自分の中に大きな穴があいたみたいになってしまった。自信がなくなったというのかな。やりたいことを見つけてがんばろうっていう勇気がもてなくなった。自分がいると、人に迷惑をかけてしまうんじゃないか、傷つけてしまうんじゃないか。すぐそんな恐れにとらわれてしまって、なにかしようと思っても、すごく気後れするようになった。それからはアルバイトをしながら、少しお金がたまると、外国へ旅行に出るということのくりかえし。

はじめはね、旅行しているうちになにかが変わるんじゃないか、変われるんじゃないかって思っていたの。髪を腰までのばしたり、坊主頭にしたり、おへそにピアスしたり、タトゥー入れたり、瞑想の合宿に行ったり、日本でけっしてやらなかったことをなんでもやってみた。そうしたら、自分の中にわだかまっているいろんなことも忘れられるんじゃないかって思っていた。

でも、そんなことなかった。はじめは、いろんなことをしているうちに、あの会社にいたときのことがどんどん過去に押しやられていって、どうでもよくなっていくんじゃないかって思っていた。たしかにめったに思いだすことはなくなったけれど、自分の中にあいた穴みたいなものはちっとも埋まった気がしなかった。こんなこといつまでくりかえすんだろうって思うと、悲しくなった。

そんなとき、ふと、気がついた。そう、この島にやってきて、なにもしないでただ海を眺めたり、山に登ったり、森を歩いたりしているうちに、ふいに、あの湯呑みのことを思いだしたの。ああ、あの湯呑み、取りに行かなくちゃ、って。

あれから何年もたっているから、わたしの湯呑みなんてとっくに処分されちゃったかもしれない。でも、それでも行かなくちゃって思った。湯呑みを取りに行けなかったのは、自分にはその資格がないからだとずっと思っていた。でも、ほんとうの理由はちがうってことに気づいたの。

あの会社で働いていたとき、わたしはまちがいなく幸福だった。わたしはその記憶とつながっていたかったのだと思う。湯呑みがあそこにあれば、あそこで過ごした日々につながっていられるように思っていたのね。もし、湯呑みを取りに行ってしまったら、親方との縁も仲間との縁も完全にそこで終わってしまう。それが怖かったから取りに行けなかった。でも、そのせいで、あのときのことが心の中で凍りついたままになってしまっていた。自分の中に穴があいているように感じたのは、そのせいだったのだと思う。そのことに気づくのに何年もかかったけれど、それがわかっただけでも、旅行してきたのはむだじゃなかった。

こんど帰国したら、湯呑みを取りに行くつもり。湯呑みがまだあったらの話だけど、もしあったらひきとってくる。もし、なかったら——親方のことだから、きっととってあると思うけど——挨拶だけして帰ろうと思う。いまさらなにを、といわれるかもしれないけれど、それはしかたない。もし親方が誤解していたとしても、誤解を解こうとは思っていない。そのために行くわけじゃない。だれのためでもない。わたしが、わたし自身のために行くの。

なぜって、いまでも、わたしにとって、あの仕事をしていた時期は特別だったと思うから。もう二度と庭の仕事なんてしないだろうけど、あの幸福だった時間にしっかり別れを告げるために、行かなくちゃいけない。そんなふうに思えたのは、この島にやってきて、なんとなく気がつくと、お寺で庭を眺めていることが多かったからかもしれない。

でも、きっと、また迷うと思う。「なにをいまさら」とか「あんたにそんな資格あるのか」とか、自分の中から湧いてくるそういう声にこれからもゆさぶられると思う。だから決めたの。成田に着いたら、その足で会社を訪ねようって。会社は千葉だし、旅の力を借りれば行けるんじゃないかって思う。

ああ、ずいぶんしゃべっちゃった。日が射してきたね。なんてきれいな光。もうすぐ雨もあがりそう。

イチゴジュースをカイロで

　エジプトの紅海岸の町ハルガダから、バスでカイロの町に入ったとき、心底途方に暮れた。こんな大きな町でいったいなにをすればいいのだろう。人とクルマと喧騒にあふれる朝のカイロの街路を眺めながらため息が出た。

　それまで四か月にわたってエジプトの南にあるスーダンを旅していた。そこからナイル川を下って、ナセル湖を渡ってエジプト入りした。

　エジプトに入ると、スーダンにいたときの自力でトンネルを掘りぬいていくような、張りつめた緊張がいきなりなくなった。気楽ではあったけれど、あのすりきれそうな激しさが懐かしかった。

　南の町アスワンからルクソールを経て、紅海岸の町ハルガダへ行き、そこで数日過ごした後、夜行バスでカイロにやってきた。ハルガダの宿で同室だったイギリス人旅行者の女性もいっしょだった。

彼女、レズリーは小さなリュックを背負って、二週間くらいの予定でエジプトをひとりで旅行していた。カイロで泊まるところは決めていないというと、レズリーがそれならわたしの知っているホテルがあるから、そこに行きましょうといった。ダウンタウンの古いビルの八階にあるホテルだった。ベッドの四つある部屋に案内されたが、客はぼくと彼女だけだった。

レズリーは小柄で、色があせたように白く痩せこけて、短く刈られた赤みがかった金髪が、もつれた羽毛のようにくしゃくしゃになって頭皮にはりついていた。灰色の目ばかりがぎょろぎょろと大きく、ぼくはひそかにニワトリみたいだと思っていた。年齢も不詳で老けて見えたが、じつは若いのかもしれなかった。

ハルガダでもカイロでも部屋をシェアしていたものの、レズリーとはあまり話をしなかった。行動もほとんど別だった。

ある夜、めずらしくいっしょに食事に出たとき、ぼくはエジプトに着いてからの途方に暮れたくなる気分について口にした。けれども、彼女は気のない返事をするばかりで、「三ポンドも使ってしまって今日はたいへん」とか「これは注文すべきじゃなかったわ」

とか、愚痴っぽいことしかいわない。

隣のテーブルでは洗練された雰囲気の白人カップルが楽しそうに食事している。一方、こちらではとぼけた東洋人と冴えない女が、顔をしかめながら不満をいいあっているのかと思うと、なんともわびしかった。

それでも、レズリーは、ぼくがどこかに出かけるとき、声をかけられるのを待っていた。女性がひとりでカイロの町を歩くことのわずらわしさもさることながら、たぶんレズリーは寂しかったのだと思う。でも、ぼくはそんなレズリーの気持ちに気づきながらも、知らんぷりしてひとりで出かけた。レズリーは落胆を悟られぬよう、妙に明るくふるまった。その不器用な明るさが、よけいに腹立たしかった。

それからまもなく、ぼくは二十何回目かの誕生日を迎えた。でも、そのことはレズリーにはいわず、ひとりで大使館にヨルダンのビザのための推薦状を取りに行ったり、本屋へ行ったりした。夜は同じホテルに泊まっていた日本人夫婦の旅行者と中庭のあるレストランでビールを飲んだ。夜遅く部屋に戻ってくると、レズリーはいつものように先に寝床に入っていた。

朝、ゆっくり目が覚めて出かけようとすると、レズリーがロビーで本を読んでいた。「今日はどこへ行くの」と声をかけると、「もう行きたいところはだいたい行ったの、ピラミッドも博物館も。あとはお土産を買うくらいね」といった。レズリーに、あなたはどこかに出かけるのかと聞かれ、うん、友だちに会うんだといった。友だちなんかいないのだが、お土産を買うのにつきあってなどといわれたら困るので、つい出まかせをいってしまった。レズリーがにっこりした。それがあまりにも無邪気な微笑だったので、少し胸が痛んだ。

「昨日、通りのジュース屋でイチゴの生ジュースを飲んだの。とてもおいしかったわ。あなたも飲んでみたら」とレズリーがいった。

「うん」といって、外に出て少し歩くとレズリーのいっていた生ジュース屋があった。いつもはオレンジジュースを飲むのだが、この日はイチゴジュースを飲んでみた。甘酸っぱい春の味がした。

それから数日後、外に出かけようとするとロビーのソファにいたレズリーが、「マチ、今夜、わたし発つの」といった。

「そうなんだ」

「会えないかもしれないから、お別れをいっておくわ。気をつけて良い旅をしてね」

「うん、レズリーもね」

しかし、エレベーターで下におりてクラクションがひっきりなしに響くカイロの騒々しい通りに出ると、レズリーのことはもう忘れていた。

この日は、偶然、本屋で知りあった日本人研究者にカイロに住む日本人のお宅での焼き肉パーティーに誘われた。集まっていた人の多くは研究者やマスコミ関係者だった。みな外国暮らしに慣れた雰囲気をまとっていたが、その中に明らかに毛色のちがう若い女性が一人いた。色白で、鼻筋の通った端整な顔立ちに、長いまつげにかこまれた大きな目が印象的だった。

彼女は留学生だといった。そのころのカイロには女子留学生はきわめて少なかったから目立つのは当然だが、それ以上に彼女にはカイロという町の雰囲気とは明らかに異質な華やいだ雰囲気が漂っていた。

どうしてエジプトに来たんですか、というぼくの月並みな質問に、彼女は「わたし、石が好きなんです。遺跡に使われている石に惹かれるんです」と大きな夢見るような目を向けて答えた。どきどきした。

「小さいころから、外国に行くんだったら最初にエジプトって思ってました。大学でも古代エジプトの歴史を勉強したんです。ほんとうに石が好きで、それだけで来ちゃったっていう感じですね。なんか、恥ずかしいんですけど……」といって彼女は目を伏せた。

ドラマのはじまりのようだった。頭の中にオープニングテーマが鳴り響いた。

彼女が話してくれたところによると、エジプトが好きなあまり大学四年のとき、思いのたけをこめて日本のエジプト大使館に手紙を書いた。すると、大使館から、そんなにエジプトが好きなら一年間のビザと奨学金をあげるから、自分の目で見てきなさいという返事が来た。こうして念願のエジプト留学が実現したという。

育ちのよさを思わせる落ち着いた物腰からは想像もつかない情熱と行動力。しかも、コンタクトレンズのせいか、少し潤んだ瞳でまっすぐ見つめられるのだ。まぶしくないわけがない。エジプトに入ってから、初めて心が浮きたってきた。オープニングテーマが鳴りやまなかった。

この日、ホテルに戻ったのは夜中の一時過ぎだった。頭の中にはまだオープニングテーマの余韻が残っていた。

ホテルの鍵は閉まっていた。呼び鈴を押すと、扉を開けてくれたのはレズリーだった。

そのとき、彼女が今夜発つといっていたことを思いだした。

「どうしたの？　今夜発つっていってたよね」

「そう、あと一時間たったら出るわ」とレズリーはいった。

電気の消えた暗いロビーで彼女はひとりで荷物をまとめていた。今日、マーケットで買ったという真鍮製の大きな鉢がリュックのわきにあった。

暗い、がらんとしたロビーで、初めてレズリーとまともに話した。そのとき初めて、彼女がイングランド北部のダーラムという町で保母さんをしていることを知った。

「ダーラムってどんなところ?」

「古い大聖堂とお城があるの。緑が多くて、川も流れていて、のんびりした町よ」

「ふうん」

話してみると、レズリーはとても素直で、細やかで、やさしい女性だということがわかった。「冴えない」とか「ニワトリみたいだ」とか思って申し訳なかったなと、急にしんみりした悲しい気分になる。

使い古されたソファに並んですわり、ときおり長い沈黙をはさみながら話をした。初めて聞く話ばかりだった。

「そういえば、教えてくれたイチゴのジュース、飲んだよ」

「そう、おいしかったでしょう」

「うん、とてもおいしかった」

「わたし、あの店の前を通るたびに飲んでいたわ。カイロでいちばんいい思い出」

イチゴのジュースがカイロでいちばんの思い出と聞いて胸がつまった。

天井の高い深夜のロビーは死んだようにしずかだった。ときどき下からクルマの通り過ぎる音やクラクションの音が聞こえてくる。クルマが通り過ぎたあとは、ふたたび深い沈黙が降りてくる。

しばらくすると、もう遅いから寝なさい、わたしは大丈夫だからとレズリーがいう。ぼくはなにもいえずに、立ちあがる。

「あなたとは一週間もいっしょだったわね。ハルガダでもカイロでも。それもずっと同じ部屋で。わたしはとっても楽しかったわ」

レズリーは別れぎわそういうと、ぼくの頬にキスしてくれた。胸が苦しくなって、なんだか泣きだしたい気分だった。

暗い部屋に戻ると、昨日までレズリーが寝ていたベッドに新しい人が寝ている。ぼくはベッドに入ってからも、なかなか寝つけない。いろんな会話、いろんな空想が脳裏を駆けめぐる。一週間もいっしょだったのに、ぼくはレズリーのことをなにも知ろうとしなかった。寂しそうにしていても声もかけなかった。

しばらくしてロビーと外をつなぐ扉がガチャッと開いて、それからしずかに閉まる音がした。レズリーがホテルを出たのだ。小さなリュックとお土産の真鍮の鉢を抱えて、ひとりでエレベーターに乗って下まで行き、通りでタクシーをつかまえて、真夜中の空港へ向かうのだ。

ベッドに横になっていると、離陸した飛行機の窓から、夜の闇の中でしだいに遠ざかるカイロの街灯りを見つめるレズリーや、ダーラムの自宅に帰りついたレズリーが真鍮の大きな鉢を居間に飾っているところや、出勤したレズリーが子どもたちにエジプトの話をしている様子などが浮かんできた。

レズリーが発って数日後、焼き肉パーティーで会った留学生の彼女が、体調を崩したという話を聞き、彼女の下宿までお菓子を持って見舞いに行く。下宿には、同じパーティーで会った研究者の人も来ていた。けれども、本人はいたって元気で「たいしたことないんですよ」という。研究者の方が帰ったあと、お茶をいただいてしばらく二人で話す。

「わたしは慢性のホームシックでいままでに二度帰りかけたことがあるんです」と彼女はいった。航空券まで買って帰る決心をした。でも、カイロの町を歩いていると、自分はこの町が好きなんだ、この町を離れられないと感じて、思いとどまったのだと、彼女は笑いながら話した。

「いまでも朝、目が覚めたとき、つらく感じることがあります。そんなときは、なるべく外に出たほうがいいんですね。だから、旅行もしたいんです」

それなら、シナイ半島にでも行きませんかとぼくはいった。あてずっぽうの思いつきだった。ところが、彼女は大きな目を輝かせて、行きたいですねという。寝袋も持っています、学生時代は登山のサークルに入っていたんです、という。これにはぼくのほうがあわてた。スーダンのすりきれそうな緊張など、もはや少しも懐かしくなかった。カイロに来てよかった。これが青春だ。オープニングテーマがまた鳴り響きはじめた。

その翌日、彼女とカイロ郊外にあるサッカラのピラミッドに出かけた。エジプト最古の階段状ピラミッドをひとまわりして、そこから西北に小さく見えるアブシールのピラミッドまで砂漠を歩いて突っ切ることにした。昼下がりの日射しが灰褐色の地面に照りつけていたが、風が強かったので暑さはそれほど感じない。

砂に靴を埋めながら黙々と歩いているとき、彼女が「こういう話、信じられるかどうかわかりませんが」と前置きして自分の親友の話を語りだした。不思議な友だちで、互いに会いたくなるとどちらからともなく電話や手紙が届いた。ところが、親友は彼女がエジプトに来る前に突然の病気で死んでしまった。親友のお母さんは、死んだ娘が星になったと思って、一つの星を毎晩見あげていた。しかし、ある晩、その星がふと見あたらなくなった。それが彼女がエジプトに飛んだ日だったという。おそらく、娘はエジプトで彼女に会っているのだと、お母さんは思った。しばらくしたら、星はまた戻ってきて輝いているという。

また、エジプト行きが決まった昨年の夏、父親が亡くなったという。彼女は看病に疲れて、そのあと一か月も寝こんだという。

「いろんなことがあったんです。わたし、前はわがままで自分勝手なことばかりしていたけれど、こんど日本に帰ったら素直な子になっていると思いますよ」

二人きりで風の吹くエジプトの砂漠を歩きながら、こんな打ち明け話をされて、ほろりとこないわけがない。励ましの言葉のようなものをかけると、彼女は潤んだ瞳をまっすぐ向けて、噛みしめるようにうなずく。これは運命的な出会いだ。まちがいない！　翌日、シナイ半島行きのバスのチケットを二枚買った。愛の「出エジプト」だ。ドラマのはじまりだ。

その日、シナイ半島行きのバスは予定より少し遅れて、カイロのターミナルを発車した。しかし、隣の座席に、彼女の姿はなかった。前日の晩、ホテルの受付に置き手紙があって、やんわりと断りの旨が記されていた。オープニングテーマがいきなりエンディングテーマになってしまった。

鬱々としたシナイ半島ひとり旅を終えて、カイロに戻ってくると、状況は一変していた。

お土産を持ってアパートを訪ねると、きつい口調で、どういったご用件でしょうかといわれ、目の前でしずかに扉を閉められた。狐につままれた気分だった。どうなっているんだ。ぼくは誓ってなにもしていない。

ぼんやりしながら通りを歩いていると、先日会った研究者の方にばったり出会った。どうしたんですか、元気なさそうですね、といわれて、いや、〇〇さんにふられたみたいで……というと、ああ、あなたも病気にかかったんですか、といって彼は笑った。病気？ ええ、わたしも以前、いろいろありましてね、と彼はいった。

研究者の彼は、カイロに来たばかりで右も左もわからなかった彼女のアパート探しをはじめ、なにくれとなく面倒をみたのだという。いつもいっしょに行動していて、しかもカイロに来る前に父親や親友を亡くした話などを大きな目を潤ませながら打ち明けるものだから、いろいろ手助けしてあげているうちに、徐々に恋愛感情が湧いてきた。ところが、そうした彼の感情に気づいたとたん、彼女の態度が豹変した。その後もまた彼女は手助けしてくれそうな別の男性を見つけては同じ話をして、ということをくりかえしているとのことだった。

「星になった親友の話も聞いたんですか？ あの話は、彼女の知り合いならみんな知ってますよ」と彼は苦笑いした。彼女のことが少しだけ理解できた気がした。彼女は彼女でここで生きるために必死なのだろう。

　それから一週間後、カイロをあとにしてアテネに飛んだ。カイロを飛びたとうとする飛行機の中で脳裏に浮かんできたのは、留学生の彼女ではなく、レズリーとゆっくり話せた最後の夜のことだった。レズリーが寂しそうにしていたとき、声をかけてあげればよかった。食事に誘ってあげればよかった。三ポンドくらいの料理ならごちそうしてあげればよかった。その帰りに、ホテルの前の通りのスタンドでいっしょにイチゴの生ジュースを飲みたかった。

砂漠の涸れ谷に眠る

カイロから百キロほど南に位置するファイユームのオアシスを過ぎて、そこから南西に向かうと、あとは見わたすかぎり砂の海がつづく。そこを一時間ほどクルマを走らせると、荒涼とした風景の中、「自然保護区」を示す小さな立て看板が現れる。

看板の前でクルマを降り、リュックを背負う。クルマが走り去ると、あとはめくらむような光と、風の音しか残らない。真昼の日射しが砂の表面を白く燃えたたせ、息を吸うたびに目や鼻の奥が乾燥していく。めざすラヤンの修道院は、ここからさらに十キロほど西に向かって砂漠を歩いていったところにある。

ラヤンの涸れ谷を訪れるのは四年ぶりだった。立て看板のすぐ先に、以前はなかった小さな詰め所ができていた。近づいていくと、中から番人らしき男が出てきた。

「どこへ行くんだい?」

「ラヤンの修道院だよ。エリシャに会いに来た。エリシャは元気かい」

「ああ元気だよ。おまえ歩いていくのか。道わかるのか」

「なんども来ている。それに水もたくさん持ってる」ぼくは手提げ袋の中の三本のミネラルウォーターを指した。

「お茶、飲んでいかないか」

「いや、暑くなる前に行くよ」

「そうか……気をつけてな。岩山に沿って行きな」

番人の言葉を聞いてほっとした。ここに来るまで、かつて訪ねた砂漠の修道院はひょっとして、いまではもうもぬけの殻になっているのではないかと不安だったからだ。けれども、番人のいうとおりなら、修道士たちはいまもこの砂漠の奥で暮らしているのだ。


彼らのもとを初めて訪れたのは、一九九九年のことだ。友人とともに四輪駆動車でこの涸れ谷の周辺をまわっていたとき、偶然、この砂漠の奥の岩山に数人のコプト正教の修道士たちが暮らしていると知った。

コプト正教はエジプト古来のキリスト教の一宗派であり、信者の数はエジプトの人口の一割を占めている。その伝統を特徴づけているのが修道院文化だ。エジプト国内には長い歴史をもつ多くの修道院が点在している。しかし、二十一世紀を迎えようといういまなお、古代の隠修士さながらに、数十キロ四方に集落もない無人の砂漠で孤独な修行に明け暮れる修道士がいるとは思いもよらなかった。

そのまま四輪駆動車で砂漠を越えて、岩山の壁に掘りぬかれた簡素な礼拝堂を訪れた。まわりの岩壁にも百メートルおきくらいに穴があいている。修道士たちの暮らす洞窟だった。そこで目のあたりにした彼らの暮らしはきわめてシンプルではあったものの、想像していたような、ぎりぎりの耐乏生活というイメージとはずいぶんちがった。二キロほど離れたオアシスには水が湧いていたし、そのころ設置されたソーラーパネルのおかげで温かいシャワーを浴びることもできた。外界の情報や物質的贅沢からは隔絶されているとはいえ、祈ることを本分とする彼らの生き方からすれば、これほど理想的な環境もなかった。

印象的だったのは、ここに暮らす修道士たちの屈託のない明るさだった。これほど孤絶した地を選んで禁欲的な修行生活を送るくらいだから、頑固で、とっつきにくい人たちだろうと勝手に思いこんでいたのだが、それは見当ちがいだった。巷のエジプト人から、したたかさやむきだしの欲望といった要素をそぎ落とすと、彼らのようになるのかもしれない。

そんな感想を口にしたところ、「それはわたしたちがなにも持とうとしないからかもしれません」と白いあごひげを豊かに生やした修道士エリシャがいった。彼は六十代半ばの修道士で、ここに暮らす若い修道士たちの師父にあたる。

「ここにはソーラーパネルもあるし、水もある。おかげで以前よりも祈りに時間を割くことができる。けれども、それだけのことです。なにも持っていないことには変わりありません。持つことに、心をくだく必要がないから、町で暮らしているときよりも悩まずにすむのでしょう。ここにはなんの情報もありません。戦争が起きようが、王様が替わろうが、われわれは知りません。ときどき、あなたのように外から来た人が世の中のことを教えてくれます。それを知ることはかまいませんが、知らなくてもかまわない。修道士にとっては神を感じることだけが意味のあることなのです」

修道士たちは、どうしてこんな孤絶した砂漠の涸れ谷に暮らすようになったのか。エリシャが話してくれた涸れ谷の歴史は、まるで伝説のような数奇な物語だった。

それは四十年ほど前にさかのぼる一九六〇年のことだった。マッタ・メスキンという一人の修道士が、修道院での修行生活に飽きたらず、さらに厳しい修行の場を求めて砂漠に旅立った。放浪の末、ラヤンの涸れ谷にたどりついた彼は、洞窟の入口で一人の老人に出会った。老人は、おまえが来るのを何年も待っていた。この山をおまえに与えようと告げると忽然と姿を消した。この神秘体験ののち、メスキンは、その洞窟に十二人の弟子たちとともに暮らしはじめた。その弟子の一人がエリシャだった。

涸れ谷の暮らしはいまとは比較にならないほど過酷だった。道がないだけでなく、リビアからやってくる密輸団の秘密ルートにあたっていたため、銃を突きつけられたり、略奪に遭ったりしたこともあった。外部との交渉は二週間に一度のラクダによる食料補給だけ。文字どおりイエスと十二使徒の時代のような、命がけの信仰生活だった。

しかし、それから九年後、コプトの総主教はマッタ・メスキンら修道士全員に、涸れ谷を離れるようにと命じた。別の修道院の復興のためという理由だったが、エリシャは、総主教がここでの暮らしが危険だと判断されたのでしょうといった。エリシャはそのあとカイロからアレクサンドリアに向かう途中の砂漠の中にあるワディ・ナトルーンの聖マカリウス修道院で修道生活をつづけた。

ところが、それからさらに三十年たった一九九九年、この放棄されたラヤンの洞窟にふたたび修道士たちが暮らしはじめた。彼らを率いていたのがエリシャだった。

エリシャは、なぜ若いころ暮らした洞窟に戻ってきたのか。

そうたずねると、エリシャは「ここにはしずけさと平和と、霊的なものがあります。好きなだけ祈る自由があり、なににも縛られず神を感じることに専念できます」といった。

「ということは、聖マカリウス修道院ではそういうものは得られなかったのですか」

「あそこでは、わたしは忙しすぎた」とエリシャはいった。

聖マカリウス修道院は、四世紀に隠遁生活をはじめた聖マカリウスの弟子たちによって創設されたもっとも由緒あるコプト修道院の一つである。

英語が堪能だったエリシャは、ここで海外との渉外業務を担当し、ヨーロッパ諸国やアメリカへくりかえし出張した。そうやって三十年がたった。六十代になったエリシャは、かつて洞窟に彼らをみちびき、その後、聖マカリウス修道院の院長になったマッタ・メスキンに、わたしは自分に与えられた務めは十分果たしてきました。どうか、わたしを涸れ谷に戻してくださいと願いでた。願いは聞き入れられ、エリシャは涸れ谷に帰ってきた。

「わたしはこの涸れ谷から自分の修道士としての人生をはじめました。だから、わたしは自分の人生をここで完成したい。ずっとそう思っていたのです」とエリシャは柔和な目元にやさしい光を浮かべていった。


その後もなんどか、この涸れ谷に足を運んだ。キリスト教徒でもないのに、見るべき建物や壁画があるわけでもない遠く離れた砂漠の修道院に惹かれるのは、自分でも意外だった。それは師父エリシャをはじめ、ここに暮らす修道士たちが身にまとう風のような軽やかさに惹かれたことに加えて、同時代の地上にこのような場所が存在していることが、どこかで自分に安堵を与えてくれたからだと思う。

砂漠の中で祈ったところで、なにが変わるわけでもない。自己満足にすぎないのではないか。信仰をもたない者なら素朴に感じるであろう疑問を、ぼくは修道士たちにぶつけた。しかし、それは修道士たちにとって、ほとんど意味をなさない質問なのだ。祈りは彼らの存在のあり方なのだ。ぼくの問いかけは、一本の木に対して、おまえが木であることになんの意味があるのかと詰めよるようなものだった。

それでも、しつこく師父エリシャにたずねた。修道士の生き方は逃避ではないのですか。この世界に山積みの問題から目を背けることが神を求めることなのか。それはただの無責任になりはしないのか。

エリシャは柔和な表情を崩さずにいった。

「そういう批判はあります。でも、逃げているわけではないのです。われわれはなにもかも捨てて、神にみずからをいけにえとして捧げたのです」

「いけにえ、ですか」

「われわれは国連のように戦場におもむいて戦争をやめさせることはできません。それは修道士の仕事ではないからです。修道士の仕事はおのれをいけにえとして神に捧げることです。そうすれば、神が世界を救ってくださる。修道士の仕事は、そのようなかたちでこの世界の救済に結びついている。だから、われわれは祈るのです」

　神がいるかどうかなんてわからない。だから、いるかいないかわからない神が祈りを聞いてくれるかどうかもわからない。けれども、たしかにいえることは、修道士たちが、自分たちが信じる神という存在に恥じない高潔で、謙虚で、浄らかな者であろうとしていることだ。全身全霊をかけて神のしもべにふさわしい存在になろうとしている。そういう人間が増えれば、この世界が変わることはあるかもしれない。神が世界を救うというのがそういう意味だとしたら、エリシャのいうことを信じられそうな気もした。

　四年前にこの涸れ谷を訪れたとき、ジョセフという見習い修道士の洞窟を訪れた。ジョセフはなにかの折に、ふと「ここはとても遠い場所なんだよ」といった。

　ジョセフのいう「遠い」というのは、たんに距離的な隔たりを意味していたのかもしれない。ただ、この言葉を聞いたとき、自分がここに惹かれる理由がなんとなくわかった。

　この場所で感じる「遠さ」は、距離的な隔たりや、生活習慣のちがいにもとづく遠さとは質的にちがう気がした。そうではなく、ここに身を置いていると、世界のあらゆる現実が、もはや自分を傷つけたり、からめとったりしないほど遠い場所にいると感じられるのだ。ちょうど、町全体を眺めるために山のてっぺんに登るように、地上のさまざまな現実を、欲望や執着や葛藤にふりまわされずに見つめるための遠さが、ここにはあった。それは死の側から世界を見つめているような感覚だった。だから、修道士は死に装束である黒い服を身にまとっている。彼らは死者なのだ。

修道士になりたいとは思わない。けれども、不安や焦燥や恐怖にさいなまれて、身動きがとれなくなっていると感じるとき、そうした呪いの及ばない遠い場所へ行きたいと思う。それは逃避とはちがう。現実を組み立て直すためには、いったん呪いの圏外に出ることが必要だからだ。ワディ・ラヤンの遠さとは、ぼくにとって、そういう意味だったし、だからこそ、ここは特別な、かけがえのない場所になった。

四年前の訪問は、コプト暦のクリスマスにあたっていた。洞窟内にしつらえられたパン焼き窯で聖体用のパンが焼きあがるのを待って、夜の八時ごろからミサがはじまった。岩を掘りぬいた祭壇の前でエリシャが香炉をふり、修道士の一人が小さなシンバルを鳴らし、その後ろで十人ほどの修道士が祈りの言葉を唱える。修道士たちは祈りの区切りになると、ひざまずいたり、額を床につけたり、十字を切ったりする。ぼくも後ろで彼らにあわせて、ひざまずいたり、額を床につけたり、十字を切る真似をする。岩をくりぬいた小さな窓の向こうに冬の夜の砂漠が広がっている。

ミサは深夜までつづき、そのあとで食事をとった。クリスマス前は肉と卵を四十三日間口にしてはならないという決まりがあるので、このときが断食明けの食事となる。牛肉の煮物、炒めたご飯、オニオンスープ、パンがテーブルに並ぶ。修道士たちは、それらを無言で、ひかえめに咀嚼しながらしずかに食べる。いまごろ、カイロのコプト正教の総本山では華麗な儀式が大々的に行われていて、おおぜいの観光客がそれを見物しているはずだ。それにくらべて、この砂漠の洞窟の晩餐のしずけさはどうだろう。

食事が終わり、食器をかたづけると、修道士たちは一人ずつ懐中電灯を手にして自分の僧窟へ戻るために夜の砂漠へと散っていった。それぞれの灯りがだんだん小さくなって、ついに濃密な闇の中に吸いこまれてしまうと、あとには凍ったような星空と吹きすさぶ風しか残らない。

＊

冬であっても日中の砂漠を歩くのはこたえる。まして今回は夏のさなかだった。砂は触れればやけどしそうに熱く、からだから水分が急速に奪われていくのがわかる。高さ数十メートルの砂丘をいくつか越え、大昔の貝の化石の散らばる岩盤に沿って二時間ほど歩きつづけると、見覚えのある風景が現れた。岩壁にぽつぽつとうがたれているのは修道士たちのすみかである。

砂漠の向こうに黒い人影がひとつ現れた。人影は陽炎にゆれながら、だんだんと大きくなり、やがて黒いひげに覆われた修道士の顔がはっきりと見わけられた。声をかけると、彼は一瞬とまどっていたが、握手を交わすと、きみの顔は見たことがある、たしか前にも来たことがあるね、といった。ヌフィールというのが、彼の名だった。

ヌフィールと言葉を交わした記憶はなかったが、彼のほうはエリシャと話しているぼくの姿を見かけたという。四年も前のことを、よく覚えているねというと、だって、あのときさみにふるまったソラマメを調理したのはわたしだからね、とヌフィールはいった。

あいにくエリシャはカイロに出かけていて不在だった。ぼくは前回親しくなった修道士のマレクはどうしているかとヌフィールに聞いた。最初にマレクに会ったとき、彼はまだグレーの服をまとった見習い修道士だった。熱心にコプト語を学んでいた彼は、その翌年には礼拝のときにコプト語の聖歌のリードをとる役を担っていた。さまざまな修道院を遍歴した末、この涸れ谷にたどりついたマレクは、ここの暮らしをなにより気に入っていた。

マレクは自分の僧窟にぼくを案内してくれた。ほかの僧窟と同じように岩を掘りぬいた簡素なつくりだった。中に入ると、手前にじゅうたんの敷かれた八畳ほどの居間、奥に三畳ほどの寝室兼勉強部屋。水タンクやティーポット、コンロなど最低限の生活道具しかないシンプルだが気持ちのいい部屋だった。

マレクは小学生のときから修道士になりたかったといった。大学を卒業するとエジプトじゅうの修道院を訪ね歩いた。でも、どこも人が多くて、しっくりこなかった。そんなとき噂を聞いて、この涸れ谷にやってきて、エリシャに会った。会った瞬間、ああ、この人しかいないと思ったという。そして人一倍熱心に修行に励んでいた。「ここは世界でいちばん美しい場所だと思う」とマレクはくりかえした。そんなマレクがどうしているか気になっていた。

だが、ヌフィールから返ってきたのは「マレクはもうここにはいない」という答えだった。理由は聞かなかった。修道士の間では、他人のことをとやかく詮索しないという不文律がある。マレクだけではなかった。初めてここを訪れたときに親しく言葉を交わした修道士の多くが、ここを去っていた。そしてその消息については、だれも語ろうとはしなかった。

四年の間に修道院の様子も少し変わっていた。新たに入ってきた絵の得意な見習い修道士のエニアノスは、礼拝堂の洞窟を見下ろす岩の表面に、ピラミッドの絵を描いた。なんと感想を述べればいいものか困るような絵だったが、修道士たちはみな、エニアノスは才能がある、この修道院も立派になったと喜んでいた。

四年前にここにやってきたザカレイヤという修道士は、自分たちが一年ほど前からつくっているという新しい礼拝堂に案内してくれた。礼拝堂といっても、岩山の側面を掘りぬいただけの岩窟聖堂である。入口は小さかったが中に入ると、天井が七、八メートルほどもあり、室内楽のコンサートホールのようだった。建造にあたっては機械はいっさい使っていないという。十数人の修道士たちだけで、つるはしで岩をうがち、半年かけて掘りぬいたのだという。

こんなに高い天井をどうやって掘ったのかと聞くと「神の奇跡のおかげなんだ」という。いぶかしんでいるとザカレイヤは説明してくれた。

「機械もないものだから、はじめは、天井も手掘りで、高さもせいぜい二メートルくらいしかなかった。ところが、ある日、建設作業を終えて、ぼくたちが礼拝堂の外に出たときだった。最後の一人が外に出て十秒たつかたたないとき、突然、背後で岩の崩れ落ちるものすごい音がしたんだ。地面がゆれ、砂煙であたりが見えなくなるほどだった。砂煙がおさまって、堂内をのぞいてみると、驚いたことに天井部分の岩がすっかり崩れ落ちていた。途中までつくってあった柱や壁は無傷で、天井だけがまるく削りとられていたんだ」

神の奇跡かどうかは別として、たしかに天井はくりぬいたような巨大な円蓋になっていた。いっさい手は加えていないという。直前まで作業していたのに、けが人が一人もいなかったというのは、たしかに奇跡だった。

ザカレイヤは礼拝堂の上の岩山にも案内してくれた。そこには崩れかけた洞窟と、岩を掘りぬいてつくったらしい横に細長いくぼみがあった。彼によると、昔の修道士の住んでいた洞窟の跡で、岩のくぼみは寝台だろうという。天井が落ちたときに堆積していた砂もいっしょに落ちたため、偶然見つかったのだという。

ザカレイヤはくぼみの中に刻まれた、かすれた傷跡のようなものを示していった。「すっかり薄れているけど、これはコプト語なんだ。だけど、いま典礼で使われているものよりもずっと古い書体なんだ」

「古いって、どのくらい？」

「たぶん七世紀か、八世紀くらいだろう。おそらく、その時代にここに暮らしていた修道士が、祈りの文句を刻みつけたんだろうね。当時からこの涸れ谷は修道士たちの祈りの場だったんだよ」

千年以上前の修道士の寝台だという岩のくぼみにからだを横たえてみた。膝を抱えないと入れないほど狭い。修道士はかなり小柄だったのだろう。ひんやりとした岩の感触が背中から伝わってくる。吹きわたる風の音が、岩壁に反射して遠吠えのように聞こえた。ここに息づいている「遠さ」が自分の中に流れこんでくれるよう祈りながら、ほんの少しだけ眠った。

カイロに戻った翌日、ヌフィールが書いてくれたメモを頼りにカイロのコプト正教会の事務所に足を運んだ。エリシャはそこにいるはずだという。

地下鉄を乗り継ぎ、カイロの北の某駅で下車して、目的の住所を探した。住宅街の中にある高層マンションに、エリシャの属する教会の事務所があった。しかし、エリシャはワディ・ナトルーンの修道院に行っているとのことで、結局会えなかった。事務所の担当者が、エリシャになにかことづてはありますか、といったので、一枚紙をもらい、その場で彼に手紙を書いた。

親愛なる師父エリシャ、お元気でしょうか。わたしのことを覚えていますか。前回あなたにお目にかかってから、もう四年になります。昨日ラヤンの涸れ谷を訪ねました。あなたはいらっしゃいませんでしたが、ヌフィールやザカレイヤが迎えてくれました。建設中の新しい礼拝堂も見せてもらいました。ワディ・ラヤンの修道院が少しずつ変化していくのを見るのは、とても楽しみです。

でも、涸れ谷にたどりつくまでは少し不安でした。もしかしたら、もうだれもいないのではないだろうか、修道士たちの洞窟は文字どおりの廃墟になっているのではないかと。なぜ、そんな不安にかられていたのか、あるいは自分の心の状態を投影していただけなのかもしれません。

二度目の訪問のとき、あなたがクルマで涸れ谷からカイロまで乗せていってくれたのを覚えていますか。カイロの街中にさしかかったとき、「まるでさっきまでの静寂が夢のようです」というと、あなたは「いや、こちらの世界のほうが夢なんですよ」といいました。

人間はなにかを所有できるとか、なにかに縛られていると思いこんでいるけれど、それが夢だ。人間はなにも所有できないし、なににも縛られていない。そう、あなたはいいました。まるで仏教の教えのようにも聞こえたあなたの言葉でしたが、それはあなたが涸れ谷の暮らしで見いだしたごくあたりまえの真実だったのでしょう。

どうかお元気で。この現実が夢だと思えなくなったとき、また涸れ谷を訪ねさせてください。そして、わたしのために祈ってください。

この数年後、もういちど涸れ谷を訪れた。エリシャはまた不在だった。修道士の顔ぶれはまた入れ替わり、人数が増えていた。新しい礼拝堂が完成し、ナツメヤシ林の中の畑も広がっていた。不穏な話も聞いた。建設作業のために用意した煉瓦の山が何者かによって壊されたという。

「わたしたちの修道院が大きくなるのをよく思わない者たちがいるんだ」と修道士がいった。こんな砂漠の中でも、そんなことが起きるのだと驚いた。

二〇一一年、エジプト革命が起きた。チュニジアに端を発した「アラブの春」の広がりの中で大規模な反政府デモが起こり、国内は混乱し、そのあおりでさまざまな古代遺跡が荒らされた。少数派のコプト正教会はイスラム過激派による焼き討ちや爆弾テロの標的になり、多くの犠牲者が出た。ラヤンの涸れ谷がどうなっているか気にかかったが、その消息はわからなかった。

涸れ谷の情報が伝わってきたのは革命から五年ほどたったころだった。アラブの春以降の治安の悪化は涸れ谷にも及んだ。たび重なる地元ベドウィンによる襲撃から身を守るために、修道士たちは「壁」の建設をはじめた。修道院の人口は大きくふくれあがり、百人を超えていた。

そんな折、エジプト政府が西部砂漠のオアシスと南部エジプトを結ぶ高速道路の建設を発表した。その道路がラヤンの修道院の敷地を突っ切るらしいという噂が流れ、修道士たちは建設を妨害するために実力行使に出て、その結果、けが人や逮捕者が続出した。隠修士たちの隠れ里は、いまや権力と対立する信仰軍団の砦と化していた。

事はそれですまなかった。もともとラヤンの修道院は自然保護区の中にあった。数えるほどの修道士がひっそり暮らしているだけならまだしも、巨大化する修道士コミュニティは土地を開墾し、農業プロジェクトを立ちあげ、新しい建造物の建設作業を進め、壁の建設もつづけていた。梁山泊化する修道院と政府との対立は先鋭化していった。これまで涸れ谷の修道士の活動を黙認していたコプト総主教座も、黙っていられなくなった。

総主教座はワディ・ラヤンの修道院が、修道院としての要件を満たしていないとして、修道士らに退去を命じた。涸れ谷の修道院は政府とも教会とも対立し、孤立を余儀なくされた。

一時は閉鎖の危機にさらされた涸れ谷の修道院だったが、その後、政府と教会との間で合意がとり交わされ、修道院は両者の管理下に置かれてなんとか存続を許されることになった。しかし、権力による干渉をよしとしなかった修道士は涸れ谷から去るか、追われた。エリシャも修道院の責任者を解任された。自分の修道士としての人生を、この涸れ谷で完成したいと語っていたエリシャは、もうそこにはいない。

机の引き出しに、涸れ谷の小さな思い出がしまってある。修道院をあとにするとき、途中まで送ってくれた若い修道士のマレクが砂漠で拾いあげて、ぼくにくれたものだ。

マレクは、それを見せて「なんだと思う?」といった。

大きさは一センチほど。薄く、褐色で、とがっていて、石のように固い。

「なんだろう。なにかの動物の爪かな」

「サメの歯なんだ」

「へえ」

「大昔、このあたりの砂漠は海だったんだ。そのころ、生きていたサメの歯の化石だよ」

そういえば、この近くでクジラの骨も見つかったと聞いていた。マレクはその後もサメの歯を目ざとく見つけては、ぼくに渡した。

最後の大きな砂丘を登りきると、マレクが「ここでお別れだ。あとは岩山の裾に沿ってまっすぐ行けば道路に出られる」といった。

「ありがとう、マレク」

「こんどは、いつ来る?」マレクがいった。

「さあ、わからないな」ぼくはいった。「でも、こんど来たら、きみはまだいるだろうか」

マレクは照れくさそうに笑った。「それは神さまが決めることさ」

マレクが足を砂に沈ませながら砂丘を下りてゆく。ぼくはマレクがくれた片手にいっぱいのサメの歯を握りしめて、その姿を見送った。

その後、マレクが涸れ谷を去ることになるとは、このときは予想もしていなかった。まして、エリシャが涸れ谷を追われるようになるなど思いもよらなかった。

引き出しから、マレクがくれたサメの歯をつまみあげる。サメだって自分の歯が砂漠で見つかるなんて予想もしていなかっただろう。そう、先のことなんて、わからない。神さまの決めることなのだから。

レファットの告白

エジプトは好きだよ。自分の生まれたこのルクソールの町はなかでもいちばん好きだ。エジプト人に生まれたことを後悔したことはない。きみはどう思うかわからないけど、いいエジプト人はたくさんいるんだ。ぼくの妻もエジプト人だし、ファミリーの中には、心から尊敬できる人物もいる。

いまの仕事は嫌いじゃない。人と接するのは好きだし、こうしてきみとも知りあえた。以前は白人観光客をあつかうエージェントに勤めていた。仕事はまあ楽しかったんだけど、給料が安すぎた。それでいまの日本人観光客相手のエージェントに引き抜かれた。

自分でいうのもなんだけど、ぼくはほかの人が一日かかってする仕事を一時間でかたづける自信がある。だから、前の会社でも数人分の仕事をひとりでこなしていたんだ。エジプト人は働きたがらない。だらだらしている時間が多すぎるんだ。オフィスに来ても、すぐにお茶の時間になる。同僚とはえんえんとおしゃべりする。私用電話はかけまくる。知り合いはしょっちゅう遊びに来る。まともに仕事している時間なんて一日五分くらいじゃないかな。

一生懸命やっても怠けていても給料は同じように安い。それなら働かないほうがいいって、みな考える。でも、ぼくはそういうのが嫌いだった。いい仕事をすることが、やりがいだった。だから、ひとりでがんばっていたんだけど、そうするとほかの連中は、みなぼくに仕事をおしつけてくる。そしてなにか失敗があると、全部ぼくのせいにする。

いまのオフィスのボスのユーセフは、そんなぼくの仕事ぶりを見ていたらしい。それであるとき、うちに来ないかと声をかけてきた。ユーセフが清廉潔白というにはほど遠い、したたかな男なのは知っていた。それでも、それまでの職場にはうんざりしていたので、状況を変えたかった。給料は三百出すといわれた。前のところより五十高かった。

小さなエージェントだったし――ボスのほかにスタッフは一人しかいなかった――ここでがんばれば道がひらけるような気がした。結婚もしたかったしね。ぼくは働いた。前のところみたいに、有象無象の社員どもに足をひっぱられることもなかったから、能率もいい。前の会社は社員が十数人いたけれど、結局、処理できるツアーの数はこっちの会社がほどなくして上まわってしまった。

ユーセフは喜んだ。レファット、おまえは有能な男だ、オレははじめからおまえができるやつだとわかっていた、といって、ぼくを褒めそやした。悪い気はしなかった。けれども待遇が変わるわけではなかった。それどころかボスは、何人かスタッフを増やし、さらに自分の妻を会社の金庫番に据えた。このボスの妻がしゃしゃりでてきてから、オフィスの雰囲気が変わった。

ぼくが入ってから会社の収入は増えた。これならもっと儲けられるとボスは思ったんだろう。ボスは妻をスタッフに加えることで、彼女にも給料を支払うシステムにした。彼女はなにもしない。ただ、そこにすわっているだけでオプショナルツアーの上がりから、チップから、なにからなにまで分配の対象になる。仕事のことなんて、なにも知らないのに、口だけは出す。

新しく加えたスタッフの一人は自分の甥っ子だった。鼻の大きなあいつだよ。この程度の仕事量なら、ぼくひとりでこなせるのに、ボスはつねにあいつを同伴させるんだ。はじめは研修のつもりかなと思っていたんだが、そうではなかった。

あるとき、ぼくがＶＩＰのツアー客のために、ナイル川に面した部屋をとれるようホテルに交渉し、さらに夕食のメニューも変えてもらった。ところが、オフィスに戻ると、ボスがすごい剣幕で、レファット、よくも勝手なことをしたなとぼくを怒鳴りつける。ぼくがナイルビューの部屋をとったことを怒っていたんだ。ナイルビューは値段が高くなるけど、ツアーには当然その料金も含まれている。けれども、ボスは安い部屋や食事を客にあてがって、浮いた分をふところに入れるつもりだったんだ。ところが、ぼくが部屋割りのおかしさに気づいてそれを直した。あの鼻の大きなやつは、そうしたぼくの行為を逐一ボスの耳に入れるスパイだったんだ。

結局ぼくは罰として差額の一部を給料から引かれた。もともと安い給料だから、ほとんどただ働きになった。

その後も、鼻の大きなあいつは、ぼくが手配したオプショナルツアーに何人が参加したとか、土産物屋でなにを買ったかといったことまで、ボスに報告していた。ボスはぼくの能力を評価していたけれど、いつか裏切るのではないか、と疑心暗鬼になっていたんだ。そういうことを吹きこんでいたのが、ボスの妻だった。レファットには気をつけなくちゃだめよ、なにかたくらんでるにちがいないんだから、と彼女はボスに釘をさしていた。そして、なにかトラブルが起きると、ぼくのせいにした。前の会社と同じだった。フェアじゃない。いい仕事をしたくても、気力がどんどん失せてゆく。

ぼくはボスにやめたいといった。けれども仕事をやめるにはボスの同意書が必要だった。

ボスは、仕事をやめさせるわけにはいかないし、同意書も書かないといった。たとえやめたとしても、旅行業につくつもりなら、オレが手をまわして、おまえを雇用しないようにしてやると脅迫してきた。飼い殺しさ。

利益が増えたことでボスは古美術品の密売にも手を出すようになった。ボスはルクソールでは顔が広くて、いろんなコネクションをもっていた。その片棒をぼくに担がせ、なにかあったらぼくのせいにするつもりでいたんだと思う。これもボスの妻の入れ知恵だったことが、あとでわかった。

同僚のマグディーやアデルも、こうしたボスと妻のやり方にうんざりしていた。マグディーは最初、ボスのちょうちん持ちとして生き残ろうとしていたんだけど、あの鼻のでかい甥が来てから、その地位を追われた。結局、彼は旅行でやってきたアメリカ人のオールドウーマンの誘いを利用して、エジプトを脱出した。そんなかたちで故郷を離れてよいものかどうか、マグディーは最後まで迷っていたけれど、彼には失うものがなかったからね。

アデルはガイドの資格をとることにした。アデルは素直で性格のいいやつで、いろんな不満を感じていても、けっして表に出さず、いつも陽気に明るくふるまっている。

でも、ぼくはマグディーのようにも、アデルのようにもふるまえない。ぼくはレファットだし、レファットにしかなれないんだよ。

去年、ツアーで来たイタリア人女性から、あなたをイタリアに招待したいと熱心に誘われたことがある。なんどか国際電話もかかってきた。ぼくはもう結婚しているんだとなんども断ったんだけど、相手はそんなことは関係ない、あなたはわたしにとって特別なの、あなたを助けたいのという。助けてほしいなんて思ったこともない、とぼくはいった。すると彼女は電話の向こうで泣きだしてしまった。ぼくは彼女も心配だったけど、泣いている間の国際電話の料金がどのくらいになるのかなあ、とそのことが気になってしょうがなかった。

いちどだけ外国に行ったことがある。ウィーンにいる親戚を訪ねたんだ。大学を出て兵役に行ったあと、親戚からお金をかき集め、なんとかパスポートとビザをとってウィーンに行くチケットを手に入れた。そのときは向こうで暮らすことも考えたんだけど、彼の暮らしぶりが、ぼくにはあまり幸せそうに見えなかった。

彼は公園でピーナツ売りをしていた。ぼくも手伝った。肩からつるす箱にピーナツの袋を入れて売り歩くんだ。仕事はおもしろかったけれど、横でピーナツを売る初老の親戚を見ていて、自分もこのままこうして異国で歳をとっていくことを思うと、怖くなった。それにぼくはルクソールが好きだったし、自分が幸福になれる場所が地上にひとつだけあるとしたら、それはルクソール以外に考えられなかった。

ウィーンを発つとき、ぼくはもう外国に来ることはないかもしれないと思った。それは自分が外国ではなく、ルクソールを選んだということなんだ、と自分に言い聞かせた。早朝の人気のないルクソールの駅に着くと、母と兄と甥や姪がプラットフォームで待っていた。母が目を真っ赤に泣きはらしていた。母はぼくがもう帰ってこないものだと思っていたんだと兄がいった。

それからぼくはホテルで働いたり、いくつかの旅行エージェントを転々としたりしてユーセフのオフィスにやってきた。そこでの内実は話したとおりだよ。給料は、この四年間いちども上がっていない。子供が生まれて、お金がかかるようになったけれど、オプショナルツアーの上がりもすべて吸いとられるから副収入もない。このままではやっていけない。そこで、ぼくはあの鼻のでかいやつの裏をかいて、オプショナルツアーの人数をごまかす方法を見つけた。あいつはけっして有能ではないから、あいつの裏をかくのは容易なんだ。

どうかぼくを軽蔑しないでほしい。こんなことは正直ぼくの性分にはあわない。でも、わかったんだ。悪には悪で対抗するしかないんだ。ここでは人は蛇のようにならなくてはいけない。獲物を狙う蛇のように地面に這いつくばらなくてはならない。そうしないと食われてしまう。それはぼくの望んだ生き方ではないけれど、ぼくの能力を生かすには、それしかないことが、はっきりわかった。ぼくの考えはまちがっているだろうか。

サバンナのざわめき、森の退屈

ウガンダとコンゴ民主共和国の国境に位置し、ナイル川の源流とされるルウェンゾリ山地の裾にアルバート湖とエドワード湖という二つの湖がある。そのエドワード湖畔のウガンダ側に広がるのがクイーンエリザベス国立公園だ。カバの大群がいることで知られているのだが、ゾウやライオンなど、ほかにも多くの野生動物がいる。ただ、隣国のケニアの国立公園に比べると訪れる人は少なかった。ぼくと妻が訪れたときにもゲートにはだれもいなかった。ゲートからロッジまでの交通手段もなかった。

「歩いて行けばいいよ」とゲートの近くにいた暇そうなウガンダ人の若者がいった。「ロッジまでは七キロだから一時間半くらいで着く。まだ日が高いから夕方までには着けるよ。ライオンやヒョウは暗くならなきゃ出てこないから心配ない」

その無責任な若者にいわれたとおり、二人でサバンナの一本道を歩きだした。午後二時半だった。四時までには公園内にあるロッジにたどりつけるはずだ。

しかし、小さなゲートがブッシュの向こうに隠れてしまうと、とたんに不安になってきた。午後の日射しが照りつけるサバンナは音もすっかり絶え、風のそよぎも止まり、動くものはなにひとつなかった。にもかかわらず、得体のしれない気配が木々の陰に、灰色に乾いたブッシュに、そして陽炎の立つ地平線の彼方に満ちみちているような気がしてならなかった。

轍の上にはバッファローらしき足跡が無数に残っている。はじめのうちこそ、もしライオンが現れたら、どちらが先に襲われるだろうと冗談をいいあったりもしたが、やがて会話も絶え、轍に沿って黙々と歩きつづけた。ロッジまではまだ一時間近くかかる。それはほとんど永遠のような長さに感じられた。

よけいな想像はしないよう努めて淡々と歩みを進めた。それでも押し寄せてくる不安はぬぐえなかった。それは恐怖というより、自分が急に盲目になったかのような不安だった。もちろん目は見えているのだけれど、その目をいくら見ひらいたところで、この午後のサバンナを駆けめぐっている無数の情報の一片さえ感知できない。ただ二つの目玉を開けて得られる視覚は、ここではなんの役にも立たない。

必要なのは、もっと精妙な別の感覚だ。午後の静寂の中をおそろしい密度と速度で走りぬけている生命のざわめきのようなものを聞きとる感覚が致命的に欠けていた。

しかし、目隠しをして歩いているかのような心もとなさの一方で、視覚や聴覚の外側でむずむずするような漠とした感覚がもどかしげにうずいていた。ピグミーやブッシュマンと呼ばれる狩猟民は、このむずむずする感覚を、もっと明晰にとらえられる人たちなのかもしれない。風のそよぎや、かすかな匂いや、草のゆらぎに生き物の視線を感じ、折れた枝や足跡から、そこで起こったドラマをありありと想起できるような、そんな繊細でしなやかな感覚こそが、無数の生命のシグナルが錯綜するこのサバンナで生きのびるのには不可欠なのだろう。

遠くに見えるこんもりとした茂みや木陰は、もはやただの風景ではなかった。周囲の環境の微細な変化をとらえようと、全身の感覚が研ぎ澄まされていく。それは恐怖ではなかった。生きのびようとする本能的な意志が自分の奥底から立ちあがってくるような、しずかな集中した感覚。心拍数は上がっているのに呼吸は深く落ち着いている。それは奇妙に充実した感覚だった。こんなふうに世界を感じていたことが、あったような気がしたが、それがいつかはわからなかった。

幸いにも、ライオンの餌食になる前に、たまたま通りかかったランドクルーザーがぼくたちを拾ってくれた。アメリカの野生動物保護団体のクルマだった。いったいなんだって、あんな危ないところを歩いていたんだとあきれられた。

ランドクルーザーの窓から眺めたサバンナは、すでに先ほど見ていたサバンナと同じではなかった。目に映る風景は変わらないのだけれど、自分がその風景の一部になっているという感覚はもはやなかった。そのかわりにやってきたのは恐怖だった。背筋から後頭部にかけて小きざみな震えがしばらく止まらなかった。襲われる危険はもうないのに、なぜいまさら恐怖を感じるのか自分でも不思議だった。恐怖とは、安全が確保されているときに想像でつくりあげているものなのかもしれなかった。遅れて来た恐怖と入れ替わりに、先ほどまでの集中した感覚は夢の記憶のようにはかなく遠ざかっていった。

それから数年後、ふたたびウガンダを訪れた。このとき足を運んだのは、エドワード湖の南に広がる熱帯雨林にかこまれたブウィンディ原生国立公園だった。この森に棲息するマウンテンゴリラを見に行くためだった。

トレッキングを終えたあと、ここでフィールド調査をつづけているリズ・マクフィーという動物学者に話を聞くつもりだった。ところが、彼女はすれちがいで首都カンパラに出かけていて不在だった。当時は携帯電話もなかったし、公園事務所にあった無線もバッテリーが不調で使えなかった。

それでも公園のスタッフが「二、三日で戻ってくるんじゃないかな」というので、とりあえず待つことにした。森の入口にあるキャンプ場とは名ばかりの、雑草を刈りとっただけの空き地にテントを張った。開園からまだまもなかったこともあって、少し離れたところにある管理事務所以外まわりにはなにもなかった。

朝の八時にはキャンプ場の管理人の若者が、ポリタンクに汲んだ水を持ってきてくれた。そのついでに、かたわらの石に腰をおろして、しばらく話をした。村人がバナナを売りに来てくれたので、食べ物を求めて苦労することはなかった。村は歩いて行くには離れていたし、持っていた本を読み終えてしまうと、ほんとうになにもすることがなくなった。しかし、待ち人は三日たっても四日たっても戻らなかった。

しかたなく、キャンプ場の小高くなったところに腰かけて、山の表情が移り変わっていくのを朝から夕方まで眺めていた。

東側にはかがみこんだ女性の臀部のような山がなめらかな稜線を見せて立ちあがっていた。夜はさっさと寝てしまうので、夜明け前には目が覚める。外に出るとまだ半ば闇に沈んでいる山の斜面を、乳白色の霧が這うようにすべっていく。日が高くなるにつれ、霧は薄れ、森は光にかすんでやわらかな青みをおびてくる。午後になると風は絶え、青みはますます増し、ところどころに雲が黒ずんだ影を落とす。日が傾きはじめると、森は透明な飴色の光をまとう。夕立が来ると、いっさいの色は失われ、森も山も暗いモノトーンに沈む。

退屈だった。音楽にたとえるならば、ドの音が一時間つづいて、次にレの音がまた一時間、そのあとミの音が一時間つづく音楽を聞いているような気分だった。あまりに間延びしていて、それが音楽的な音のつらなりだとは認識できない。

けれども、そんな日々が一週間もつづくうちに、自分の時間感覚がゆさぶられるような妙な気分に陥ってきた。はじめは退屈としか感じられなかったひどく緩慢な時間の流れを、それなりに味わい楽しめるようになってきた。怠惰に身をゆだねているのとは、ちょっとちがう。自分の中にプログラミングされている時間の尺度に亀裂が入ったといった感じだ。雲はたんに森をかすめて流れているのではない。そのあらゆる細部は片時も同じ姿をとどめることなく、かたちを変容させながら新しい瞬間を刻々と創造している。

単調にしか聞こえなかった音が、無数の微細な音からなる織物のように聞こえてくる。ある音は一瞬でとぎれ、ある音は生滅をくりかえし、ある音は滔々とうねり、ある音はほかの音とよりあわさったり交錯したりしながら、たえず新たな模様を創造してはそれを崩していく。はじまりも終わりもないそんな音楽が森のあらゆる細部で尽きることなく奏でられつづけている。

夜になると、森は闇に沈む。焚き火が燃え尽きるころに、山の端に満月を何日か過ぎた月が現れ、まるみをおびた山の稜線を影絵のように黒ぐろと切りとり、天蓋を澄んだ青い光で満たす。月を眺め、そのうごきに目を凝らす。そして足元の地球のうごきに注意を向ける。もちろん、それらは自分の肌目の粗い感覚にはひっかかってこない。けれども、そうしたおびただしい精妙なうごきが、森や大地や空の中でからまりあい、その中に自分も織りこまれ、主旋律も伴奏もないが、耳をすませばどこをとっても主旋律であるような調べを奏でている。

待ち人がやってきたのは、十日目の午後だった。

「昨日無線であなたのことを聞きました。十日もここで待っていたんですって。退屈したでしょう」クルマから降り立ったリズ・マクフィーは申し訳なさそうにいった。

「そりゃもう退屈しました。こんなに充実した退屈は初めてです」とぼくはいった。

ブウィンディをあとにして、さらに隣国ザイール（現コンゴ民主共和国）のヴィルンガ山地のゴリラ保護区へ足をのばした。国境を歩いて越え、左手に標高三千メートルの山並みを眺めながら、モロコシやジャガイモの畑の広がるなだらかな裾野を歩いていく。

途中、村を通りかかると、子どもたちが囃したてながらついてくる。お金をくれというのを相手にせずに歩いていると、子どもの一人が、ピグミーを見せてあげるという。狩猟採集民のピグミーのことか。

ちょっと興味を示すと、子どもはぼくの手をひっぱって村外れの藪へ連れていった。ほかのおおぜいの子どももついてきた。藪の中にバナナの葉っぱや草で屋根を葺いた粗末な小屋がひとつ。子どもたちはなにやら囃したてるような声をあげた。

しばらくすると中から袖のちぎれたシャツと穴のあいた短パンを履いた小柄な男が現れた。いぶかしそうに顔をしかめ、こちらを見ている。なんといっていいかわからず黙っていると、男はいったん小屋の中に入り、古ぼけた槍を手にして出てきた。そして顔をしかめたままポーズをとった。写真を撮れということらしい。観光客に写真を撮られることでわずかな現金を得て暮らしているらしかった。

ウガンダとルワンダとコンゴ民主共和国の三国の国境が接する地域の森は、マウンテンゴリラの棲息域であるとともに、バトワと呼ばれるピグミーが暮らしてきた場所でもあった。ところが、絶滅危惧種であるマウンテンゴリラの保護とゴリラツーリズム促進のために、この地域の広い範囲は保護区や国立公園に指定され、バトワは強制的に森から退去させられた。

中でも、一九九一年のブウィンディ原生国立公園のオープンは、彼らの伝統的な生活に決定的な終止符を打つことになった。自分たちの生きる糧をすべて森から得ていた彼らは、なんの補償もないまま森から追われた。やむなく近隣の町のスラムなどに移住したものの、居住権がないため違法占拠者と見なされた。森の外で生きるすべを知らなかった彼らには、野蛮で、無知な人たちというレッテルがつきまとった。

彼らの中には、政府が設けた観光村で、ツーリスト向けに歌やダンスや狩りのしかたを見せて日銭を稼いでいる者もいたが、生活のストレスからアルコール依存症になる者も多いと聞いた。

ここで案内されたピグミーの男性もそういう一人かもしれなかった。男は槍を手にしてしばらく横を向いてつまらなそうに立っていた。子どもたちがカメラを構える真似をして写真を撮れとうながしたが、ぼくがカメラをとりださないと見ると男は、さっさと小屋の中へひきあげて入口を閉じた。子どもたちがからかいの声を男に投げつけていたが、男はもう出てこなかった。

村をあとにしてヴィルンガ山地のゴリラ保護区でふたたびゴリラトレッキングに参加した。イスラム教徒の案内人はトレッキングにあたって、マウンテンゴリラが絶滅危惧種であること、保護が必要なことなどのレクチャーをしてくれた。

一方でピグミーのような狩猟採集の生き方もまた絶滅に瀕している。森に生きる知恵とは、なにも植物や動物についての知識だけを意味するわけではない。それは森を、自分たちの生命や暮らしを支えてくれている母体としてとらえ、それを構成している無数の生命の多層的な流れを感知し、畏れ、尊重し、守り、後の世代に継いでいこうとする姿勢だ。その知恵が失われるとは、森が資源の供給地にしか見えなくなってしまうということだ。

バトワの人たちが森を追われて三十年がたつ。森の暮らしを知らないバトワの若い世代は村や都市の暮らしになじみ、生活水準も以前より向上し、大学を卒業する者もいる。彼らの多くは森に戻りたいとは思っていないという。森の豊かさを見るまなざしが失われるとき、世界はほんとうの意味で退屈な場所になってしまうのかもしれない。

少年は笑わなかった

そのまなざしを思いだすと、いまでも胸元に匕首（あいくち）を突きつけられるような緊張がよみがえる。陽炎の立ちのぼる真昼の砂漠でのことだ。

スーダンの首都ハルツームからエチオピア国境の町に向けて移動中、乗っていたバスがパンクした。修理にはしばらくかかりそうだったから、乗客たちは時間をつぶすべく数百メートル手前にあった道端の茶屋へと向かった。乗客の一人に誘われて、その列に加わった。

真昼の太陽に灼かれた砂漠からたえまなく陽炎が立ちのぼっていた。そのゆらぐ空気の中を、ラクダに乗った遊牧民の率いるウシの群れが長い列をつくって横切っていった。

茶屋は日干し煉瓦の壁に、藁屋根を葺いただけの小さな店だった。店内は先に来ていた乗客のスーダン人ですでにいっぱいだった。そこで、中には入らず茶屋の壁にもたれて、砂漠を行くウシやラクダの群れをぼんやり眺めていた。

そのとき建物の陰からふいに二つの人影が現れた。二人とも革ひもを結びつけた長い剣を肩にかけ、袖のない胴着をはおり、腰帯を巻いている。背の高いほうは十八歳くらいで、小柄なほうは十五、六歳くらいの少年である。いでたちからして明らかに遊牧民だった。先ほどのウシの群れを率いていた人たちの仲間かもしれない。見慣れぬ相手の出現にぎくりとしたが、驚いたのは、向こうも同じらしかった。

年かさに見える若者のほうが、茶屋の軒先にあった水の入ったドラム缶に、備えつけのアルミのコップをつっこむと、こちらを横目で見ながら無造作なしぐさで水を飲んだ。挨拶の言葉をかけたものの、若者は型どおりの挨拶を返しただけで、握手を求めるでも、笑いかけるでもなく、すぐに関心なさそうに大股で砂漠のほうへ歩み去った。

この反応は意外だった。この国に入ってからというもの、挨拶をしただけで、家に招待されたり、食事をごちそうになったりと、気味が悪くなるほど親切にされることが多かったからだ。

そのとき、残っていた小柄な少年が、こちらをじっと見つめているのに気づいた。右脇に鞘に収めた剣をはさみ、正面を向いたまま両脚で大地を押さえつけるように立ち、唇をかたく結び、射るような視線をこちらに据え、身じろぎひとつしない。彼にとって初めて目にする東洋人だったのかもしれない。しかし、それは好奇のまなざしとは少しちがうように感じられた。厳しくはあるけれど、攻撃的ではない。波ひとつない水面のような、しずかなまなざしだった。

少年は、鼻筋の通ったひきしまった面立ちをしていた。細い頬には、部族のしるしらしき三本の傷あとがある。幼さを残しているとはいえ、その顔つきには、余分なものをことごとくそぎ落としたような張りつめた精悍さがあった。

その表情を見ているうちに、思いだしたことがあった。数週間前、ハルツームの町なかで声をかけてきた若者に案内を頼んで郊外の砂漠にあるキャラバンの宿営地を訪ねたときのことだ。そこで出会った遊牧民たちも、この少年に通じる雰囲気をまとっていた。彼らは、その晩数百頭のラクダを引き連れてエジプトへ出発するといった。エジプトまでは一か月。そこでラクダを売って、また一か月かけて帰ってくる。そしてまたスーダンでラクダを買いつけ、頭数が集まるとエジプトに向かう。エジプト側ではラクダをトラックや列車に乗せるというが、スーダン側の五百キロにわたる砂漠は歩いて縦断する。こんな旅を彼らは一年になんどもくりかえしている。精悍な風貌になるのも当然かもしれない。

風貌以上に印象的だったのは、彼らが、カラテがどうしたとか、トヨタがどうしたといった、この国でよく耳にする日本に関する話題をいっさい口にしないことだった。日本から来たというと、彼らが興味をもったのは、日本という国にラクダはいるか、ということだけだった。いないというと、ではラクダを売れば儲かるはずだ、スーダンからだと何日かかるだろうか、とまじめな顔で聞いてくる。そんな途方もない話をしながらも、彼らが自分たちの暮らしや生き方にゆるぎない自信や誇りをもっていることは、はっきりと伝わってきた。

一方で不思議だったのは、彼らが、ぼくを宿営地まで案内してくれた町の若者とほとんど口をきかないことだった。若者のほうも、お茶をふるまわれたあとは居心地悪そうに、離れたところにしゃがんで砂などいじくっていた。帰り道のバスの中で若者がぼそりと「ベドウィンは泥棒だ、信用するな」と口にするのを聞いて、少し納得がいった気がした。町に暮らす者からは、野蛮きわまりなく見える遊牧民の暮らしは見下すべきものなのかもしれなかった。

どのくらい時間がたったのだろう。少年の不動の視線を浴びつづけるうちに、しだいに落ち着かなくなってきた。少年はなぜぼくを身じろぎもせずにじっと見ているのか。その意図をはかりかねているうちに、不安がこみあげてきた。少年のまなざしには、そんなこちらの気持ちを見透かすような率直さがあった。その率直さにそれ以上耐えられなかったのかもしれない。ぼくは半ば無意識に愛想笑いを浮かべた。

そのときだった。少年は一瞬目を見ひらくと、かすかに眉をひそめた。それから視線をそらし、あたかもぼくなどすでに存在しないかのように、衣擦れの音を立ててそばをすりぬけ、炎天の砂漠へと大股で歩み去った。わけがわからず、その去ってゆく後ろ姿を見やった。少年はいちどもふりむくことなく、相棒のあとを追うように砂漠の奥へと歩いてゆく。その姿が陽炎のゆらめきに重なるころ、はっと思いあたった。

少年が一瞬目を見ひらいたのは、あれは怒りからだったのではないか。そして眉をひそめたのは、軽蔑からだったのではないか。そう思ったのは、ハルツーム郊外のキャラバン宿営地で、遊牧民たちが町の若者にとった態度を思いだしたからだ。若者が遊牧民を信用していなかったように、遊牧民もあの若者の中に、なにか容認できないものを見たのではないか。若者が遊牧民を軽蔑していたように、遊牧民もまた町育ちの若者を軽蔑していたのではないか。

少年は、見つめることで、ぼくという人間が信頼に足るものかどうか見きわめようとしていたのかもしれない。しかし、不用意に浮かべた愛想笑いが少年の誇りを傷つけ、そのことにたいする怒りと軽蔑から眉をひそめて、唐突に立ち去ったのではないか。ほんとうのところはわからない。

気がつくと、バスで知りあったスーダン人が、ガラスのコップに注いだ紅茶をこちらにさしだしていた。どうしましたか、と彼がいう。ぼくは陽炎のゆらめきの中に消えいりそうな少年の姿を指す。すると彼は、ああ、ベドウィンですよ、教育のないやつらですといって、笑った。

コップの底で溶けきれない砂糖が陽炎のようにゆらいでいる。砂漠に立ちのぼる熱気のゆらめきの中、少年の姿が見えなくなったあたりを見つめながら、紅茶を口に運んだ。いつもなら甘すぎるはずの紅茶が、このときはちっとも甘くなかった。

マダガスカルの長い一日

キツネザルの仲間のアイアイを見るためにマダガスカル東北部の海に面したマナナラという村を訪れた。野生のアイアイをほぼ確実に見られる場所はマダガスカルでここしかない。

マナナラは陸の孤島のような場所で、そこへ行くには船を使うのがふつうだった。海沿いに道路もあるが、悪評の高いマダガスカルの道路の中でも屈指の悪路という話だったので迷わず船にした。その船で知りあったマナナラの女性が、最近ホテルをオープンしたばかりだというので泊めてもらうことにした。

ホテルは村の中心から離れていて、目の前が海だった。弧を描く白いビーチを高いヤシの木々がふちどり、海からの風が天日干しされているバニラの甘い香りを運んできた。泊まり客はぼくだけだった。ビーチにも人の姿はほとんどなく、漁をする小舟の影が沖にちらほら浮かんでいるくらいだった。

アイアイは夜行性なので、夕方までとくにすることもない。日中はハンモックに寝転んで本を読み、暑くなると海に入り、たゆたう水にからだを浮かべて、空を眺めた。宿の女主人は親切で、昼には海辺のヤシの木の下にテーブルを出して、とれたてのエビの料理をふるまってくれた。

アイアイもぶじに見られたので、一週間ほどの快適な滞在を終えて、首都のアンタナナリボに帰ることにした。ところが、にわかに海が荒れて船が欠航になった。船が出ないとマロアンツェトラからの飛行機にまにあわない。そうなると「屈指の悪路」といわれる陸路を行くしか選択肢がない。

マダガスカルの悪路には苦い思い出がある。約二十年前、南部を妻と移動中、乗っていたトラックが横転して、おおぜいの乗客とともに荷台から投げだされた。二人とも大けがを負い、小型飛行機で首都に運ばれ、入院するはめになった。

あれから二十年たっている。道路も多少は改善されているだろう。マロアンツェトラまでは百二十キロほどで、明け方に出て昼までには着くという。女主人も、四駆だから問題ないという。

ところが、宿に迎えに来た四駆を見て、息が止まった。たしかに四駆なのだが、中はすでに定員いっぱい、というより定員を大幅に超えて人が詰めこまれている。車内にからだをねじこむと、足元にはニワトリやアヒルの入った籠がある。赤ちゃんがむずかり、現地の流行歌が大音量で車内に響いている。二十年前と変わっていない。懐かしさを感じたのは最初だけだった。

路面のいたるところに大きな穴があいている。深い轍には水がたまってぬかるんでいる。それを避けるためにクルマは右へ左へとせわしなく進路を変え、ときには避けられずに穴に入ったり出たりしながら進む。スピードをあまり落とさないものだから、クルマは大きく跳ねたり、傾いたりして、それにあわせて乗客もひとかたまりになって跳ねたり、片側に押しつけられたりする。

だが屈指の悪路といわれるゆえんは、ほかにあった。道路そのものがおびただしい川や谷で寸断されているのだ。その幅は三メートルほどのものから二十メートルくらいまでさまざま。一応橋は架かっているのだが、それがいかにもたよりない。両岸に丸木を渡し、その上に横木の板を並べ、さらに交差させるように長い板を並べてある。いわゆる丸木橋だが、板が腐って落ちていたり、板そのものが少なくてスカスカだったりする。

先に進むにはこの橋を渡るしかない。クルマはカタツムリのようにスピードを落とし、乗客も息を殺して身じろぎもしない。中には、タイヤの幅にあわせて二枚の板が並べられただけの橋もある。そういうときは乗客は降ろされ、歩いて橋を渡る。対岸で乗客が見守る中、クルマは二枚の板の上をそろりそろりと渡ってくる。

川幅が広くて橋が架けられないところには丸木や竹を組んだイカダが用意され、その上にクルマをのせて対岸からひっぱってもらう。ただし、イカダが対岸にあるときは対岸からイカダが渡ってくるのを待たなくてはならない。対岸にクルマがいないと、クルマがやってくるまで待つことになる。

そうやっていくつもの川を渡り、朝八時半ごろ広々とした砂州にさしかかった。砂丘の一角を切り崩して海に流れこんでいる川が、押し寄せる海水とぶつかって渦を巻いている。ここもイカダで渡らなくてはならない。

イカダは竹製で、クルマは一台しか乗れない。あまり重いと沈んでしまうので、乗客はみな降り、大きな荷物も降ろされた。ところが、その間に、あとから来た別の乗り合いの四駆が先にイカダに乗ってしまった。強引な割りこみである。

運転手や乗客は抗議するが、割りこみ運転手は知らんぷりしている。それだけではなかった。この無礼な運転手は抜け駆けしたもののイカダを出すでもなく、運転席から降りてくつろいでいる。乗客たちは、おい、出すんなら早く出せよと運転手に詰めよる。だが、ひげづらの小柄な運転手はおどけた身ぶりをしながら、イカダを出すことを頑迷に拒んでいる。なんなんだ、こいつは。

われわれの四駆の運転手も男に「降りるか、さもなきゃ、さっさと向こう岸へ渡れ」と詰めよる。しかし、男はにやにやしながら、手足をふりまわしたり、悪態をついたり、あたりを走りまわったりしている。意味不明だ。

時間がたつにつれて、乗り合いのミニバスやクルマやバイクが続々と岸にやってくる。対岸に渡るためにやってきた車両だ。対岸にもこちら側に渡りたい車両がたまっている。イカダは一つしかないので、男のクルマが渡らないと、ほかのクルマも渡れない。しかし、男はイカダを占拠したまま動こうとしない。頭がおかしいのか、なにかの反乱のつもりなのだろうか。

いつしか日が高くなっていた。風があるとはいえ、木陰ひとつない砂の岸辺はじりじりと暑くなってくる。乗客たちはクルマがつくる小さな影の中に身を寄せる。その影も日が高くなるにつれて小さくなっていく。ただひとりイカダの上の男だけが、悪態をついたり、妙な踊りを踊ったりしてやたら元気だ。

男はどういうつもりなのか。いったい、なにがしたいのか。だが、もっと不思議でならなかったのは、どうしてまわりの人たちが真剣に抵抗しないのかだった。この男は明らかにここにいる全員に迷惑をかけている。だとすれば、全員で強制的にでも彼にイカダを出すように詰めよってもいいではないか。いや、そうすべきではないか。たしかに男に文句をいっている人はいる。けれども、抗議しているはずなのに途中で互いに笑いだしたりと、あまり真剣さが感じられない。見ていてもどかしくなってくる。もしマダガスカル語ができるなら、代わって男にがつんといってやりたい。

多少フランス語を解する若者を見つけて「あいつは、どういうつもりなんだ」と話しかけると、「頭がおかしいんだ」とか「独裁者のようにふるまいたいんだ」というものの、男を力ずくで排除しようという話にはならない。男は腕っぷしが強そうにも見えないし、地元の有力者とか、特別な権力をもっているようにも見えない。たんに、気まぐれで、身勝手なだけだ。みなで協力すれば、男のクルマをイカダから降ろさせるなり、対岸に渡すなり、できるだろう。

しかし、だれもそうはしない。そのうちに、待ちくたびれた若者たちは砂浜でサッカーをはじめ、いつのまにかやってきた近隣の村人がヨーグルトや果物を売り歩いている。コミカルなしぐさで演説をはじめる者が現れ、そのまわりに人垣ができ、ちょっとした縁日の様相を呈してきた。なんなんだ、これは！　おい、マダガスカル人、どうなってるんだよ。この男のせいで川を渡れなくて困っているんじゃないのか。

いらだちが沸点に到達しそうだった。こんなんだから発展しないのだ。問題を積極的に解決しようとせず、時の流れにまかせて、いつかなんとかなるのを待つ。こういうバカ男を勝手にのさばらしてしまえるメンタリティが、結局愚かな為政者を認めてしまう結果になっているのではないか。もっと怒れよ。抵抗しろよ。相手は愚か者ひとりなんだから、排除するのは難しいことじゃないだろう。ツイッターの連投のように頭の中でネガティブな言葉がぐるぐる飛びまわる。

見まわせば五十人以上が、この男のおかげで何時間も意味のない足止めを食らわされていた。しかし、そのことに対してやきもきしている人は、だれひとりいないように見えた。それどころか、みなてんでにこの突然降って湧いた無為の時間を楽しんでいるかに見えた。なんともいえない孤独を感じた。

見あげると雲の湧きあがった空はとても美しかった。対岸の砂丘の向こうから風に乗って潮騒が聞こえてくる。砂浜の先は海なのだ。こんなに広々とした美しいところに自分はいたのか。正午を過ぎると、クルマのつくる影もなくなり、顔や腕がじりじりと日にさらされる。もうどうでもいい。

男のクルマをのせたイカダが動きだしたのは、午後二時半過ぎだった。どうして男が動く気になったのかはわからない。なぜ動こうとしなかったのかもわからない。もう、そんなことはだれも気にしていなかった。

われわれの四駆が対岸へ渡れたのは三時半ごろだった。この場所に着いて、すでに七時間がたっていた。

ところが、ようやく対岸に渡り、やっと出発かと思ったら、そうではなかった。人のよさそうなわれわれのクルマの運転手は荷台の上でのんびりしている。お客たちも小さな市場で買い物したり、お茶を飲んだりしている。おい、もう十分のんびりしただろう。七時間ものんびりしただろう。これ以上休んでどうするんだよ、といったんおさまったいらだちがまた湧いてくる。運転手にどうして出発しないのかと聞くが、納得できる答えは返ってこない。「納得」とか「説明」という言葉が雲のようにむなしかった。

砂丘の上に立つと海が見えた。インド洋だ。夕暮れ近い淡い光の中、低い白波がおだやかに浜に打ち寄せている。風を浴びながらしばらく海を見つめているうちに、なんとなくほっとした気持ちになった。

同乗者たちの姿が見あたらないので川岸に行ってみると、砂に車輪をとられてスタックしたハイエースをみなで押していた。あんな小さなタイヤのクルマで、この砂の海を行くなんて無謀だが、来てしまったのだからしかたない。彼らといっしょにハイエースを押す。

びくともしない。

別の四駆がロープで牽引しようとするが、布製のロープはみしみし音を立て、途中でブチッと切れる。切れたロープを束ねて、また牽引するが、またブチッ。そりゃそうだろう。タイヤの下にヤシの葉を敷いたり、なんだかんだしながらやっとハイエースが脱出したときには、もう五時過ぎ。夜明け前に出発して、日の高いうちに着けるかと思ったのに、結局日のある間は走らず、暗くなってからまたあの危険な道を行くことになるとは。いや、もうなにも考えまい。

日焼けの痛みに加えて、風に舞う砂をさんざん吸いこんだせいで喉も痛い。クルマは走りだしたものの、その後も朽ちかけた橋を渡ったり、ガードレールのない崖に沿った道を行ったり、水のたまった大穴をいくつも渡ったり、パンクして立ち往生したりした。途中で雨も降りだし、灯りひとつない真っ暗な悪路を、裸足の運転手は現地の流行歌を大音量で流しながら、おだやかな表情を変えることなく黙々と運転しつづける。おそらく、スーダンの砂漠や、エチオピアの山中や、コンゴの森の中でも、運転手たちはこんなふうに黙々とクルマを走らせているのだろう。

寝不足と疲れで朦朧として、起きているのか夢を見ているのかわからないような中、ふいに暗闇の中でクルマが停まった。後ろの乗客に「ココビーチ」と声をかけられる。ココビーチとは目的地のマロアンツェトラのホテルの名前だ。ホテルの前まで連れてきてくれたのだ。なんて親切なんだ。さっきまで、さんざん心の中で悪態をついていたのが申し訳なかった。午前一時半だった。マナナラを出てから二十時間が経過していた。百二十キロの道を二十時間。長く、苦しい、かけがえのない一日だった。

至福の山

だれもが多かれ少なかれそうであるように、この地上のどこかに、自分にとって理想郷といえるような場所があるのではないか、と若いころは漠然と思っていた。それがどんなところなのか、具体的に想像したわけではないけれど、スーダン西部のダルフール地方のジェベル・マッラ（マッラ山）にたどりついたとき、ああ、それはこのような場所なのかもしれないと思った。

ジェベル・マッラのことは、これまでなんどか書いてきたけれど、訪れてから三十年以上たつというのに、その記憶はほかの旅の記憶とは別の場所に保存されているかのように、なにかのきっかけで鮮烈によみがえってくる。

ジェベル・マッラという地名は、持っていた英文ガイドブックにも載っていた。だが、そこに行こうと決めたきっかけは、首都ハルツームから白ナイルの対岸に渡った砂漠で出会った遊牧民の言葉だった。ジェベル・マッラという名を口にするとき、遊牧民のリーダーの険しい表情は目に見えてゆるんだ。一年じゅう涼しく、水もたっぷりあり、オレンジやグァバ、マンゴーなどの果物がたわわに実る、それはそれはすばらしいところだ。あたかも地上の楽園について話すかのような口ぶりだった。

ハルツームから列車に乗り、五日かけて西の外れの終点ニヤラまで行った。そこでジェベル・マッラに行きたいというと、このトラックに乗れといわれ、目的地に着くと、またそこの人にこのトラックに乗れといわれ、いわれるままにトラックを乗り継ぎ、山裾の小さな村にたどりついた。

「ハワジャが来た！」と子どもたちが騒ぐ。ハワジャとは「外国人」という意味だ。村人たちに、どこへ行くのかと聞かれる。「ジェベル・マッラ」というと、「デリバのことか」といわれる。デリバ？ なんのことだかわからないが、とりあえずデリバというところをめざすことにする。

ここからは山道だというので、荷を運ぶためにロバを買う。だが、このロバがまるでいうことをきかない。荷物を運ぶどころか、頑として動こうとしない。途方に暮れる。ところが、そばにいた子どもが手綱をとると、ロバは嘘のように従順に歩きだす。しかたなく、その子どもに道案内を頼んで、山に入る。

二日目の昼下がり、山間の小さな集落にたどりついた。空っぽのあずまやの並ぶ広場があり、幹の曲がりくねった木々が濃い影を落としている。一軒のあずまやの下でミシンを踏んでいる村人がいた。目が合うと、ふっくらとした浅黒い丸顔に花が咲いたように満面の笑みが広がった。その瞬間、ああ、ここだ、と思った。

案内の子どもに、ここでいい、といってロバから荷物を下ろしていると、広場の向こうの丘の上から水の入ったポリタンクを抱えた金髪の白人男性が現れた。

「いま着いたのかい」と男性がにこやかな笑みを浮かべていった。

「うん、たったいまね」

男性は旅行者だった。名前はミック。あとから黒髪のガールフレンドも現れた。二人は、この村に二か月近く滞在しているという。

「二か月もここでなにをやっていたの」と聞くと、ミックは「うーん」と口ごもった。横から黒髪のリンダが「とても大切なことよ」という。

「大切なこと？」

「ごはんつくったり、食べたり、洗濯したり、お茶飲んだり、水を浴びたり、友だちとおしゃべりしたり、そういうこと」

ミックとリンダは広場に面した草葺きの円錐屋根の小さな家に暮らしていた。中にはムシロが敷かれ、ネズミよけのためか天井に張ったロープに食料がぶらさがっている。石を並べた小さなかまどもある。

ミックは、手書きのジェベル・マッラの地図を見せてくれた。ボールペンで色分けされた三枚組みの詳細な地図だ。それを見てジェベル・マッラが巨大なカルデラを中心として、その周辺に広がる山岳地帯であることを初めて理解した。そのカルデラの名がデリバだった。カルデラの内部には大小二つの湖がある。

「この地図、自分でつくったの」

「うん、足で歩きまわってね」

「すごいなあ」

「ぼくたちがいる村はここだ」ミックが地図を指さす。カルデラの北西だ。

「目の前のこの広場に週に一度市が立つ。明日がその日なんだ」

ミックはここでの暮らしを愛おしそうに語る。

「ここはほんとうにいいところだよ。人はみな感じがよくって、やさしい。あそこにいるイブラヒームにもほんとうによくしてもらった」

ミックはあずまやでミシンを踏んでいるふっくらした男性を見る。ああ、彼はイブラヒームというのか。

「この小屋もイブラヒームが貸してくれたんだ」

「へえ」

「でも、ビザの期限があるので、あさって山を下りる。ぼくたちにとって明日が最後の市になる」

ミックに地図をノートに写させてくれないかなと頼んだ。もちろん、とミックはいった。

「ねえ、ミック」とぼくはいった。「きみたちが出発したあと、この家に住めるかな」

「大丈夫だと思う。イブラヒームに頼んでみよう」

さっそくミシンを踏むイブラヒームのところへいっしょに行ってミックが話をした。イブラヒームはニコニコしながら大きくうなずいた。

ミックとリンダは、広場で小さな茶屋をいとなむイザークとムハンマドも紹介してくれた。湧き水の場所、水浴びや洗濯をするための渓流、用便のための木陰、ロバをつなぐのに適した草地などにも案内してくれた。

途中で出会った人たちと長い挨拶を交わし、お茶もごちそうになって、広場に戻ると、小屋の前で男が待っていた。つりあがった細い目に、がまぐちのような大きな口をしている。男はこちらに気づくと英語で、おい、ミック、おまえたちは村を出るそうだがイブラヒームに借家代は払ったのか、という。ミックは、なんであんたがそんなこと聞くんだ。イブラヒームにはぼくからお礼する。あんたには関係ない、といった。男は、イブラヒームは英語ができないから、オレが代わりにいってやっているんだ、という。

二人はしばらく言い争っていた。リンダが仲裁に入り、男は去っていった。

「あいつはアブーバクル」とミックがいった。「さっき、この村の人はいい人たちばかりだといったけど、あいつには注意したほうがいい」

「なんとなくわかる」

「悪党というわけじゃないんだけど、金にうるさくて、なにかとしゃしゃりでてきては、いちゃもんつけるんだ。問題は、ここで英語ができるのがあいつだけだってことだ」

翌日、広場は昨日とは別世界だった。空っぽだったあずまやは近隣の村からやってきたおおぜいの商人と、山盛りの乾燥オクラやトマト、コメやナツメヤシ、岩塩、唐辛子、種々の香辛料、落花生、さらに衣服や雑貨などで埋まった。その中を色鮮やかな布をまとった女たちが籠や器を持って闊歩していく。広場の外ではウシが屠られ、それは一時間ほどで手際よく解体され、部位ごとに木の台の上に並べられた。村の家々では、この日のために仕込まれた雑穀のビール「ボコ」がふるまわれる。ミックとリンダと市をまわり、なんどもお茶をごちそうされ、ひょうたんを半分に切った器で何杯もボコを飲んだ。

夕方までには商人のほとんどは広場をひきあげた。酔いつぶれてしまった少数の者たちはあずまやで眠りこんでいた。夜にはゴンドラのように水平になった三日月が西の空に浮かんでいた。ミックがリンダの肩を抱いて「ほら、月が笑っている」といった。

次の日、二人はバーディーと名づけた自分たちのロバに荷物を積んで、山をあとにした。彼らを見送ったあと、空き家となった小屋に荷物を運び入れる。人がいなくなった広場はここに着いたときと同じようにがらんとして、しずかだった。木々が地面に涼しげな影を落とし、イブラヒームがミシンを踏む音が眠たげに聞こえている。そのイブラヒームが、小屋の入口にかけなさいといって、穀物袋を縫いあわせた大きな布を持ってきてくれた。

村に暮らしはじめて、いちばん手こずったのはロバの世話だ。毎朝、水を飲ませるためにロバを川まで連れていかなくてはならない。そのあと、丘の上の草地につないで草を食べさせ、夕方ふたたび川に連れていく。距離にしてわずか数百メートルなのだが、これがひと苦労だった。ミックたちのバーディーとちがって、このロバはぼくにまったく従わない。手綱をひけば、かならず反対方向へ行こうとする。強引にひっぱればすわりこむ。ロバとハワジャの綱引きを村の子どもたちが不思議そうに眺めていた。

ある夕方、川に水を飲ませに行こうとしたらロバが急に走りだした。手綱を腕に巻きつけていたので、その拍子にもんどりうって転倒。ロバは道を外れて茨の垣根をとびこえ、ぼくは頭から茨の茂みにひきずりこまれた。ロバがようやく足を止める。服は破れ、無数のとげが腕や上半身に刺さり血だらけだ。「このバカロバ！」と怒鳴りつけて、ロバの尻を蹴りつける。尻から土埃があがる。もういちど蹴ると、またボワッと尻から埃があがる。バカにされている気がして、ますます腹が立つ。

茶屋のイザークとムハンマドにその話をすると、二人は腹を抱えて大笑いした。イザークがそんな悪いロバはぼくに売っちゃいなさい、という。さっさと手放したかったのでイザークの言い値でロバを売った。

ところが、ロバを売ったことがアブーバクルの耳に入った。アブーバクルは小屋にやってきて「マチ、ロバをイザークに売ったんだってな。デリバに行ったとき、あのロバの世話をしたのはオレの娘だ。手綱もオレが選んでやったものだ。その分の金を払え」と難癖をつけてくる。

デリバに行っている間、アブーバクルの娘にロバの世話をしてもらったのは事実だ。その分も含めてアブーバクルにガイド料を払った。手綱を買ったのもぼくだ。それでもアブーバクルは食いさがる。ロバの世話代は別だ。手綱を探したのはオレだ。デリバで食事をつくったのはオレだ。金を払えという。

アブーバクルは口をひらけば金の話ばかりだった。計算高いだけでなく、ぼくの靴や帽子などを指さしては、これはいくらだ、あれはいくらだと聞いてくる。だいたいの値段を答えると、あきれた顔をしたり、首をふったりした。しかし、アブーバクルは理由なく金や物をせびることはなかった。むちゃくちゃな言いがかりに聞こえても、そこには彼なりの論理があり、対等な取引のつもりだったのだと思う。だから、うっとうしくはあったが、アブーバクルのことは、なんとなく憎めなかった。

あるときアブーバクルに、どうして英語ができるのかと聞いたら、以前ハルツームのアメリカ大使館で働いていたといった。驚いた。それ以上くわしい話はしなかったが、そのとき金の力を見せつけられたことが彼の生き方を変えたのかもしれない。アブーバクルの家もなんどか訪れた。十歳になる娘は父親に似ず、ほがらかで気立てがよかった。アブーバクルの入れるお茶は、いつもすごく苦かった。

週に一度くらいの割合で旅行者がやってきた。欧米の白人バックパッカーで、たいてい村で一泊して、翌日デリバをめざした。彼らがやってくると、すかさずアブーバクルが現れ、デリバまでガイドをするからオレを雇えとアピールした。

あるとき、村にやってきたドイツ人バックパッカーに、ここでなにをしているのか、と聞かれた。なんと答えればよいのか一瞬迷ったあと、「ごはんつくったり、水浴びしたり、おしゃべりしたり、そういうことだよ」といった。それは自分がここに着いたときに、リンダがいったことだった。

ある日の朝、川べりに下りて、歌をうたいながら洗濯する女や、結晶した塩を集めている女や、ロバに水を飲ませている男たちと、ていねいな挨拶を交わした。それから日の光に温められた石に腰かけ、澄んだ冷たい流れに足を浸して米を研いでいたとき、ふいに、川のほとりで米を研ぐ自分を、高いところから見下ろしているような感覚に襲われた。米を研ぐ自分の姿に、過去からいまにいたる長い間、同じように、川べりで米を研いできたであろう無数の人びとの姿が重ねあわさって見えた。

米を研ぐ人だけではない。洗濯したり、塩を集めたり、ロバに水を飲ませたりする村人たちの姿もまた、過去から連綿とくりかえされてきた生きるいとなみの原像のように映った。それは目には見えない透明な鋳型のように過去から未来永劫まで存在していて、いま自分はその永遠の鋳型とひとつになっている。

たとえ自分がいなくなっても、村人たちがいなくなっても、鋳型は永遠にここにあって、いつか、だれかがまたその中を駆けぬけていく。鋳型を介して、有限の生が永遠とつながり、このシンプルな一日の中に、あらゆる人たちの、あらゆる時代の、あらゆるいとなみが重なりあう。その永遠の一日をいま自分は生きている。身をつらぬくような至福の感覚の中で、そんな夢想が脳裏をかすめた。

渓流に頭をつっこんで顔と髪を洗った。そのまま流れからじかに水を飲んだ。そして濡れた頰に風を感じながら、日の高くなった小道を広場へとひき返した。

市の立った日の晩に月が出るときは、山上でダンスパーティーがひらかれる。茶屋のイザークとムハンマドに、きみたちは行くのかと聞くと、ストイックなムハンマドが、パーティーには女が来る、女はよくないといって首をふる。陽気なイザークは、オレはどうしようかな、とニヤニヤしている。ムハンマドが顔をしかめた。結局二人は来なかった。

若者に誘われて、月明かりの下、尾根沿いの小道をたどる。半時間ばかり歩くと、闇の中からドラムの低い音と歌声が響いてきた。山上では青い月明かりに照らされて三、四十人ばかりの若い男女が踊っている。リズムにあわせて、にじり寄ったり、互いの腰をぶつけあったり、トランス状態になって地面をのたうちまわったりする者もいる。

いつ終わるともわからないダンスに疲れ果ててすわりこんでいると、ひとりの若者に声をかけられた。彼は小さな懐中電灯で足元を照らしながら、村の広場まで送りとどけてくれた。別れぎわ、彼は「ほしいものがあるんだけど」というと、ぼくの小屋のロープにぶらさがっていた洗濯ばさみを申し訳なさそうに指さした。洗濯ばさみを三つ、四つ、彼の手にのせる。彼はうれしそうに歌いながら夜の暗がりの中へ消えていった。

村をあとにしたのは四度目の市の立った翌日だった。二日かかる東のふもとの村まで茶屋のムハンマドが連れていってくれることになった。オレが送ってやるというアブーバクルの誘いは固辞した。

村を発つ昼過ぎ、広場はここに着いたときと変わりなかった。がらんとして、幹の曲がった木々が地面に濃い影を落とし、あずまやではイブラヒームがミシンを踏んでいた。ときおりロバが鳴きたて、頭に籠をのせた女たちが一列になって広場を横切っていった。外輪山は午後の日射しにかすみ、上空でトンビが大きな輪を描いていた。

それから五年後、妻をともなって、ジェベル・マッラを再訪するためにニヤラへ向かった。こんどは列車ではなくトラックに乗り、砂漠で夜を明かしながら五日かけてニヤラへたどりついた。イブラヒームやイザーク、アブーバクルたちの写真も持ってきた。

ところが、そこで知ったのは悲しいニュースだった。ジェベル・マッラ山中に内戦中の隣国チャドから難民が流れこみ、それが武装した強盗団と化して、村で略奪行為をくりかえしているというのだ。入山は許可されなかった。

それでも、あきらめきれなかった。目と鼻の先なのだ。ほんとうはなにも起こっていないのではないか。明日になれば、警察は情報が誤りだったと発表するのではないか。そんな妄想を捨てきれなかった。

糸の切れた凧のような気分でニヤラの町を歩きまわった。市場に行くと、通りかかった店の前に、薄く茶色がかった結晶の塊が並んでいるのが目に入った。

「これ、なにかしら」と妻がいった。

それは、ぼくにはひどく懐かしいものだった。ジェベル・マッラの渓流で女たちが集めていた岩塩だった。村にいたとき、ぼくはこの塩を調理に使っていた。

結晶の表面を爪の先でこそぎとり、その粉を彼女に「なめてごらん」と渡した。

「塩みたい。でもそんなにからくない」

「ジェベル・マッラの味だよ」そういって、ぼくもその塩をなめた。

乾いた涙の味がした。

ジェベル・マッラを含むダルフール地方は、その後、さらに大きな変化に飲みこまれていった。気温の上昇と雨量の減少がつづいて、深刻な干ばつに見舞われるようになった。干ばつは人びとの暮らしを直撃した。遊牧民と農耕民は土地や水場をめぐって対立を深め、これを政治的に利用しようとする勢力から武器が流入したことで、二〇〇三年にダルフール紛争が勃発した。

ダルフール紛争は三十万人の犠牲者と二百万人の国内避難民を生み、「世界最悪の人道危機」と呼ばれた。破壊されたり、焼き討ちされたりした村の情報は二〇〇七年からグーグルアース上に表示されるようになった。ぼくにとって幸福の象徴だった土地の名は、気がつけば、殺戮と悲劇の代名詞として報じられるようになっていた。しかも、いまだ紛争は解決をみていない。

それでも、手許にあるミックの地図の写しを広げ、そこに記された道を指でたどっていけば、昼下がりの村の、がらんとした広場へとたどりつける気がする。幹の曲がった木々が地面に影を落とし、あずまやではイブラヒームが春のような笑みを浮かべて、ミシンを踏んでいる。目には見えずとも、永遠にそこにある透明な鋳型とひとつになって。

光の庭

一

南向きの窓から午後のやわらかい光がさしこみ、がらんとした部屋の壁を白く染めている。その光の中で、母がベッドの上に半身を起こし、放心したように外を眺めている。

声をかけても気づかない。視線の先にまわってふたたび声をかける。母はびっくりしたように口をあけ、「まあ、こんなことがあるなんて」と声をつまらせる。その目に涙があふれてくる。感情の高揚がおさまると、母は少しとまどった表情を浮かべて、

「ともちゃん、よね……」という。

ともちゃんとは母の甥っ子で、ぼくの従兄にあたる。

「ちがうよ、ぼくだよ」

母は目を見ひらき、やっとぼくだと気づくと、また声をつまらせ「こんなうれしいことがあるなんて」と涙ぐむ。それが落ち着くとふと「パパはどうしてる？」と聞く。

「死んだよ」

「死んだ？」母はいぶかしげにくりかえす。

「もう十年以上になるよ」

「そう。死んだの」

母は心の中でなにかを探るかのように斜め下に視線を向ける。集中はすぐとぎれ、また目を上げると「ああ、うれしいわ」とぼくの手をとる。それから、そわそわまわりを見わたし「お菓子でもあげたいけど、なにもないの」という。

ここには原則的に私物は持ちこめない。お金も持っていない。ベッドサイドテーブルの上にはお誕生会のときの写真。いま着ているのと同じお仕着せのピンク色のパジャマを着て、虚ろな表情で遠くを見ている。

「干し柿を持ってきたから下で食べよう。好きだったよね」

「まあ、うれしい。夢みたい」母の目にまた涙があふれてくる。

車椅子を押して廊下を行く。廊下は広く、部屋から運ばれたベッドに寝ている人や、椅子にすわっている人がいる。女性が多い。食堂には品のいいおばあさんが背筋をのばして放心したようにすわっている。昨年までは顔をあわせると愛想よく話しかけてきてくれた方だ。いまでは挨拶してもほとんど反応がない。

エレベーターで階下の談話室へ。見舞いにやってきた家族がほかにも数組。壁に風景画がかかっている。

「干し柿、酒田のおばあちゃんがよく送ってきてくれたね」

母が驚いたようにぼくを見つめる。

「庄内柿じゃないんだけど、柿は好物だよね」

霧がかすかに切れたのか母は唐突に、

「わたしは足が速かったから陸上に誘われたの。でもほんとうはいやでしかたなかった。日に焼けて黒くなるのがいやだったの」といった。

「そうだったんだ」

「国体で広島に行ったとき、道端で皮膚がやけどして溶けたみたいな人を見てすごくショックだった。戦後まもないころだったから」

ふたたび霧に覆われたのか母はしばし沈黙し、それから目を上げると、

「ありがとう。忙しいでしょうに、わざわざ来てくれてほんとうにうれしいわ」といって、

また目に涙があふれそうになる。

「干し柿食べよう」

「うん」

干し柿を小さくちぎって母に渡す。母はそれを口に入れてゆっくり噛んでいる。

「おいしい、こんなにおいしい干し柿食べたのひさしぶり。今日はなんていい日なんでしょう。ありがとう。ほんとうにありがとう」

そういうと、両手にぼくの手をはさみ、愛おしそうにさすりはじめた。その手の甲は肉がそげ、筋が浮き、わら半紙のようにかさついている。

母の視線はまたなにかを探るように斜め下に向かう。だが、また霧が濃くなってきたのか放心したように顔を上げ、そこにぼくの顔を見いだすと、おだやかに微笑んだ。

とまどいを覚えていた。母はこんなふうに微笑む人ではなかった。いまでも母を思うとき、とっさに浮かぶのは挑みかかるような攻撃的なまなざしだ。怒りと恨みと悲しみのないまぜになった暗い炎をたたえたまなざし。もちろん笑うこともあった。それでも、こんなふうに、いっさいのしがらみから解放されたような天真爛漫な微笑みにふれたのがいつだったのか、にわかには思いだせなかった。

母に記憶障害や見当識障害などの症状が出はじめ、ケアマネージャーのすすめもあって、認知症専門の病院に入院したのは五年前だった。認知症に見られる一般的症状に加えて、母を苦しめつづけてきたのは心に深く食いこんだ不幸な結婚生活の記憶だった。とはいっても、父とは三十年以上前に別れていたし、その父も世を去って久しかった。

それでも母の心の奥底に堆積した怒りや恨みは解消されなかった。父と母は父が亡くなる直前までいちども会わなかったが離婚はしていなかったので、父の遺したお金は母のもとに入り、母は長年の経済的な苦労からも解放された。しかしすでに母の一部となってしまった暗い怒りは父の死んだあとも母をさいなみ、健康をむしばみ、行き場を失ったその矛先はしばしば、ぼくに向けられた。

母に電話をするときはいつも極度に緊張した。ある年の元日の朝、新年の挨拶に行くことを伝えるために電話をした。「あけましておめでとうございます」と型どおりの挨拶をすると、「おめでたくなんかないよ！　これから首かっ切って死のうと思っていたところだよ！」という言葉が返ってきて、電話が切れた。子どもが生まれたことを報告したときには「それがあたしになんの関係があるのよ！」と返され、なにもいえずにいると電話が切れた。

いまなら、それがやり場のない悲しみや寂しさから救いだしてほしいという悲痛な叫びであったことは想像がつく。しかし、母と接するたびに、そうした言葉を浴びるのはつらかった。「あの人は子どもはいらないの一点張りだった。でも、あたしは絶対生むと決めていた。でも、むだだった」「あんたのせいで、いつも喧嘩してきた」「こんなふうに子どもに放っぽりだされるとは思ってもみなかった」「生きていたってしょうがない」「喉突いて死んでやる」「不幸な人生だった」「あんたは父親そっくりだ、父親と同じだ」「こんなはずじゃなかった……」呪詛の言葉は果てることなくつづいた。

二

こんなはずじゃなかった――それは母の本音だったのだと思う。母が家を出たのは、父の暴力や暴言による精神的虐待に耐えかねてのことだった。それは子どものため、そして自分の人生を生きるためのはずだった。そのとき母は四十代前半だった。

衝動的な行動ではなかった。おそらくかなり前から周到に準備していたのだろう。何年もかけてへそくりをため、夫が仕事に出ている間に不動産屋をまわり、アパートを契約し、住民票を抜き、小学校に上がったばかりの弟の転校手続きをする。そして、当日の朝、母は、なにも知らぬ夫を会社に送りだすと幼い弟を連れて家を出た。高校の受験をひかえていたぼくは、受験が終わったらいらっしゃいといわれて残された。

その日は夜が来るのが怖かった。父になんといえばいいのだろう。二棹のタンスがなくなって、がらんとした部屋で緊張しながら父の帰りを待った。

夜遅く帰宅した父は、母と弟がいないのに気づくと表情を変え、「お母さんはどうした」といった。「出ていった」というと、押し黙ってそれ以上なにもいわなかった。母の行き先を聞かれることもなかった。

父はアルコール依存症だった。ふだんは無口で物静かなのだが、酒が切れるころになると、いらだって不機嫌になり、母やぼくのちょっとした行動や言葉に激しい怒りを爆発させた。そのため父が家にいるときは、つねにびくびくしながら父の顔色をうかがっていた。それでも怒りの暴発は予測しがたかった。しずかに新聞を読んでいるかと思っていたら、気がつけば肩を震わせものすごい形相でこちらをにらんでいる。次の瞬間には怒号とともに、張り手が飛んできた。

だが、そんなとき母は黙っていなかった。ある意味で、母は父にもまして激しい人だった。負けず嫌いで、理不尽なことが許せない性分だった母は、ぼくをかばって父に食ってかかった。二人とも頑固で妥協のできないところは共通していたので、言い争いは、やがてとっくみあいになり、父が台所から包丁を持ちだすこともあった。

子どもの目から見ても、母と父の相性は最悪だった。父は内向的で、人づきあいや、からだを動かすのは大嫌い。孤独を好み、理想主義で、楽しみといえば本を読むこと、望遠鏡で星を見ること、そして酒を飲むことくらいだった。潔癖で、臆病で、贅沢や金儲けを軽蔑し、クルマとかゴルフとかおしゃれとかスポーツといった世俗的な趣味を嫌悪していた。

一方、母はといえば活発で外向的で負けず嫌い。スポーツが得意で、頭の回転が早く、意志が強く、義理人情に厚く思い切りがよかった。親からは、おまえが男だったらなあとよくいわれたという。母自身も自分は男に生まれたかったとよくいっていた。クルマやゴルフ、麻雀など当時の大人の男のたしなみのようなものにも憧れていた。

そんな母がどうして父と結婚したのか。小学生のとき、たずねたことがある。母は、父が新聞記者だったからだといった。

「新聞記者って、いろんなところに出かけて、いろんな人に会う仕事だから、活動的で、社交的で、太っ腹な人なんだろうって思っていたんだけどね」

ところが、結婚してみると、それが大きな勘ちがいであることがわかった。しかし、もう遅かった。子ども、つまりぼくができてしまったからだ。

価値観も性格も真逆な夫との暮らしは、母にとって大きなストレスだった。それでも、母は、父と毎日のように衝突をくりかえしながら、子育てをし、家事を完璧にこなした。小柄で痩せていたが、軽自動車のような華奢なからだにターボエンジンを積んでいるようにパワフルだった。

しかし、ストレスフルな日々の代償だったのだろう、母は胃の痛みを訴えるようになり、医者に行ったところ初期の胃ガンが発見された。もっとも当時はガンを患者本人に告知することはめったになかった。医師から診断を聞いたのは父だった。

手術をする日程が決まったが、母は医師からは胃潰瘍だと告げられていて、本人もそう思いこんでいた。ところが、手術を待つ間にまた父と母がささいなことから喧嘩になった。いつものように言い争いが過熱していったとき、どういう経緯でそうなったのかはわからないが、父が母に「きみはガンなんだぞ!」と一喝した。それを聞いた母は一瞬言葉を失った。狼狽していた。

「胃潰瘍じゃないの……」母が声を震わせながらそう口にした。

「ちがう、きみはガンだ。医者がそういった。きみには隠していたんだ」

「なんで、医者が隠していたことを、わたしにいうのよ!」

母は涙を浮かべていた。父はなにもいわなかった。

ショックを受けたものの、母はすでに今後のことを頭をフル回転させてシミュレーションしはじめていた。ぼくは十歳で、弟はまだ三歳だった。母に死ぬつもりはなかった。母は、担当の医者に面会を申しこんだ。自分はガンだそうだが、手術の成功の確率はどのくらいかと医者を問いただした。ぼくには印鑑の場所や親戚の連絡先などを書いた紙を渡し、万一のときは、どこそこに連絡をとるように、あんたはまだ小さいけれどそういうことも考えなくてはいけないといった。そして、わたしは絶対に死なないからといって手術室に入った。

その言葉どおり、母は生還した。胃を全摘したので体力はがっくり落ちたが、この手術以降、母の生き方は変わった。子育てのために父に依存し、父の顔色をうかがい、したいことがあってもがまんするという生き方をやめたのだ。

まず、母は父に内緒で自動車教習所に通いはじめた。運動神経のよかった母は難なく免許を取得すると、こんどは父に内緒でクルマを買った。よくそんなお金があったと思うが、へそくりをためていたのだろう。クルマは家のすぐ近くの駐車場に停めてあった。父がいないときに、母はクルマにぼくと弟を乗せて買い物に行ったり、夏休みには庄内の実家まで出かけたりした。

父からどのように逃げだすか、という計画もこのころから立てていたのだろう。父に離婚する気はなかった。父は、自分は夫としても、父親としても、責められるべきところはないと考えていた。悪いのは性格の悪い妻であり、のろまでぐずな子どものほうなのだと素朴に信じていたのだと思う。

夫婦喧嘩のしかたも変わった。母はぼくに「自分に味方するように」というようになった。この先、もし離婚となった場合、社会的信用や収入のある父が親権をとることは目に見えていた。しかし、子どもが心底父を嫌い、母の側についていればそうはならない。母はそれを見据えて、「お母さんが正しい。ぼくはお母さんと行く」といってほしかったのだろう。

たしかに父の横暴は度を越していた。包丁をふりあげ、一万円札に火をつけ、いくたびとなく母の首を絞めた。そんなときぼくは恐怖すら感じず、意識が飛んだように虚ろになって泣くことも忘れた。どちらが正しいかなんて興味がなかった。母に味方して、気の利いたことをいうゆとりもなかった。

そんな息子に、母が失望しているのがわかった。たいてい喧嘩のきっかけは子どもだったのに、その子どもをかばって身を張っても、子どもが動かない。それが歯がゆかったのだろう。

そう、「歯がゆい」というのが母の口癖だった。夏休みに読書感想文の宿題があった。

課題図書はあまりおもしろくない本で、かたちばかりの感想文を書き終えた。ところが、それに目を通した母は不満げで書き直しを命じた。しかたなく書き直したが母は満足しない。「あんたを見ていると歯がゆい」といって、母は課題図書をざっと読むと自分で感想文を書きはじめた。書きあがると「これを清書しなさい」といった。ぼくの書いた部分は一文もなかったが、いわれるままに清書して新学期に学校に提出した。しばらくして、それが感想文の賞をとったと先生に告げられた。

「おめでとう。とてもいい感想文でした」

なにを書いたか覚えていなかった。自分で書いていないのだから当然だ。うれしくもなければ、くやしくもなかった。

受賞を記念して、感想文を放送室で全校生徒に向けて朗読することになった。昼の給食時間のあと、放送室のマイクに向かって母の「感想文」を淡々と朗読した。窓の外に灰色の空がむなしく広がっていた。

母が家を出てからの父との二人暮らしは、緊張をはらんではいたが、母がいたときに比べると淡々としたものだった。父はぼくが朝起きると寝床に行き、学校から帰ると会社へ出かけ、深夜に帰宅して、朝まで酒を飲んでいた。ときおり癇癪を爆発させたが、母がいたときのように荒れることは減った。

一年がたち受験も終わり「母のところへ行く」と父に告げた。父は反対しなかった。わずかな本やラジカセなど、自分のだいじにしていた物だけ持って、母のもとへ移った。

そこは四畳半と三畳に小さな台所がついたアパートだった。風呂も電話もなく、日当たりも悪かった。それでも全身の疲れが溶けだしていくような解放感があった。もう父の帰宅を恐れておびえなくてもよいのだ。

父というプレッシャーはとりのぞかれたものの、母には経済的な問題がのしかかってきた。父からの養育費や生活費はなかった。母ももらおうとはしなかった。それは人間性を否定されつづけてきた母の意地だったのかもしれない。

母の父に対する思いは複雑だったようだ。母が家を出てからとった新聞は父の会社のものではなかった。しかし、あるとき父の会社の新聞の勧誘員がやってきた。応対に出た母は「主人が勤めていますの」といった。勧誘員は「そうなんですか、どちらの販売店にお勤めですか」と聞いた。勧誘員にしてみれば他意のない一言だったが、これが母にはかちんときたらしく「東京本社です！」と強い口調でいい放った。母の中では父は、まだ「新聞記者の主人」なのだった。

いちども外で働いたこともなく、胃を全摘して通常の食事もできなかった母が、なんの金銭的サポートもなしに育ち盛りの二人の子どもを育てるのは容易なはずがなかった。

母ははじめレストランの厨房でパートをしていたが、これではやっていけないと判断すると、ゴルフの会員権のセールスをする歩合制の会社に入った。これは母の性に合っていた。持ち前の社交性、積極性、頭の回転の速さ、思い切りのよさが遺憾なく発揮され、折からのゴルフブームもあって、母はみるみる売り上げをのばしていった。その金で母は株を買い、新聞の株式欄を毎日チェックするようになった。父に「きみのような人間は社会に出ても一円だって稼げない」となじられていた母が、いまや自分の才覚だけで少なからぬ収入を得ていた。

一方で、母には微妙な変化が現れてきた。父との生活の中で長年がまんし、押し殺していたさまざまな感情や思いが、精神的な自由や金銭的なゆとりをもてたことによって、徐々に浮上してきたのかもしれなかった。

母は高校生のぼくをゴルフ練習場に連れていった。麻雀を覚えろとか、話し方が上手になるように落語研究会に入れとか、会計士になるといいといった。母にとってゴルフをたしなみ、クルマの話ができ、友人と麻雀を楽しみ、弁舌さわやかに気の利いた会話のできる男こそ男らしい男だった。しかし残念ながら、ゴルフも、クルマも、麻雀も、気の利いた会話も、まるで興味がなかった。

母と衝突することが増えていった。手こそ上げなかったが、弁の立つ母は、恨みや非難や叱責の矢をとめどなく放った。「あんたは父親そっくりだ！　あんたは父親の血をひいている。ほんとうはわたしと住むのなんていやなんでしょ」と嘆いた。

母は家族にこだわっていた。父と別れて、母はこんどこそ自分の思い描いていた「家族」がもてると思ったのだろう。恐怖のない家族、おびえのない家族、あたたかい家族、笑いの絶えない家族、信頼しあえる家族。せっかくそれが可能になったのに、なぜそれを邪魔するのか。そんな行為は断じて許せない。

喧嘩のたびに、母は父への恨みと息子への失望を重ねあわせた呪詛を、悲劇の語り部のように、くりかえし吟じつづけた。いま思えば、それは長年にわたる屈辱がどれほど母を傷つけていたかの表れだった。なにがあっても、だれにも相談することなく、ひとりで突き進んできた母にとって、おのれの受けた痛みを存分に語れる相手は息子しかいなかったのだから。

潔癖だった母は、仕事から帰ってきたとき、家の中が整っていないと露骨に不機嫌になった。母の機嫌を損ねないためには帰宅前の掃除は欠かせなかった。食器を洗ってかたづけ、洗濯物をとりこんでたたみ、水で湿らせた新聞紙を細かくちぎって畳の上に撒いて、ホウキで掃いて埃をぬかりなくとりのぞく。

それでも母の帰宅が近づくと、焦りと緊張でそわそわした。かつて父の帰宅時間が近づくにつれて感じた息づまる感じに似ていた。母はぼくの中に父を見いだし、ぼくもまた母の中に父を見ていた。父のもとを離れてなお、互いに父の幻影から自由になってはいなかった。

気がつくと、母と自然に話ができなくなっていた。間近で見てきた母の苦労や忍耐や自己犠牲には頭が下がったが、母の痛みや疲れを思いやるゆとりはなかった。こちらの緊張が向こうにも伝わるのだろう、母の視線もいっそう冷たく、厳しくなっていった。

土深く埋もれた樹木は、長い時間にわたって大きな圧力を受けつづけると、組成が変化して化石化する。母との関係もそんな木化石のように硬直したまま時が過ぎていった。

三

エジプトに暮らして四年が過ぎたころ、父の訃報が届いた。その前年に一時帰国したときに八年ぶりに訪ねたのが父と会った最後になった。

晩年の父は自宅にひきこもって酒浸りになり、足腰も萎え、ほとんど動けない状態で、民生委員やボランティアの方の世話になって暮らしていた。母とは二十年会っていなかったが、いよいよ体調が悪化すると、民生委員から入院させるようにという連絡が母に入るようになった。

入院した父の世話をする、といったのは母だった。病院を訪ねた母に同行した近所の人の話では、父は、前触れもなく二十年ぶりに現れた母をひと目見ただけで、その名を呼んだという。それから一週間ほどして父は亡くなった。その間、母と父がなにを話したのかはわからない。

父の訃報を受けて一時帰国し、葬儀のあと、父の家や荷物の整理をすませるとエジプトに戻った。日本に帰国したのは、それからさらに四年ほどたってからだった。すでに母はほとんどの仕事をやめていた。家を飛びだしてから、骨身を削って働きつづけた母はマンションを購入し、子どもを大学まで行かせ、ゴルフ場の会員になり、好きなクルマも手に入れた。健康に多くの不安を抱え、資格も手に職もない女性が、四十を過ぎてから、だれの助けも借りずに成しとげた結果としては十分すぎた。

だが、肉体は疲弊していた。三十代で胃を全摘してからというもの病院通いは絶えなかった。日常的に貧血や腰痛、骨粗鬆症やリュウマチを抱え、その後も子宮ガン、狭心症、糖尿病などで入退院をくりかえした。白い髪はぼさぼさになり、腰の骨は変形して曲がり、皮膚病でかきこわした足首は膿んでむくんでいた。片目はほとんど見えなくなっていた。

しかし、芯の強さを感じさせる眼力は以前と変わらなかった。

人づきあいもなくなり、外にも出なくなり、居間のテレビは一日中つけっぱなしだった。シーズー犬を部屋の中で飼い、一日一回その散歩に出かけるのが、病院へ行くときをのぞけば、数少ない外出の機会だった。

それでも、ぼくの帰国がきっかけで行き場を失っていた怨念が再燃したのか、母からの干渉は日に日に激しくなってきた。唐突に電話がかかってきては怒りや恨みの言葉が受話器から際限なく吐きだされた。家を訪ねれば何十年も前の苦悩やくやしさを滔々と語り、「あたしが死ねばいいと思っているんだろ」「あんたの家の前で喉突いて死んでやるから楽しみにしてろ」といった呪詛の言葉を吐きつづけた。

そんな言葉を浴びせられるたびに胃がキリキリと痛み、吐き気がこみあげた。けれども、その場を離れることはできなかった。自分の中にも母への負い目があった。その負い目を贖うには母の中で止まっている時間の中に、自分もとりこまれなくてはならない。そこでおのれを軽蔑し、罪悪感で我が身をさいなまなくてはならない。そう思いこんでいたのかもしれない。

怒りや憎悪の言葉をひととおり吐き尽くすと、母は人が変わったようにおだやかになり、その後は何事もなかったかのような空々しい会話がつづいた。それを待ってやっと母の家を出た。しかし、ひとりになっても母の言葉は頭蓋の中で反響をくりかえし、なかなか鳴りやまなかった。いったんおさまっても、なにかのきっかけで、突如として堰を切ったように脳内に母の激しい痛罵の言葉があふれてきた。

ある日、昼ごろ母に呼ばれてマンションへ行くと、居間のテーブルで母が背広を着た若い男性二人と食事をしていた。

「家のことをいろいろ手伝ってくれるの。とてもいい人たち。あんたとちがって」と母がいった。

話を聞くと「健康にいい水」をとりあつかっていて、今日は母に招待されたという。台所へ行くと見慣れぬ浄水器が置かれていた。彼らはその浄水器のセールスマンらしかった。なぜぼくが呼ばれたのかはわからなかった。だが、二人はぼくが現れたことで明らかに動揺していた。食事もそこそこに二人はそそくさとひきあげた。

彼らが帰ったあと、あの浄水器はいくらしたのか、と聞くと「六十万円」という。絶句した。だまされているのだ、といいたいのを飲みこんで、さらに聞くと、部屋の掃除もしてくれたという。そちらは二十万だったという。

ぼくがいぶかしんでいるのに気づいたのか、母は「あのひとたちのほうが、あんたよりずっとあたしのことを心配してくれている。あたしのことを思ってくれている。それにひきかえあんたは」と口撃がはじまった。でも、このときは悪態よりも、悪徳商法に加担する者にさえすがりつこうとする母の孤独や寂しさが身にこたえた。

母はなぜ幸せになれなかったのだろう。捨て身の覚悟で家を出て、身を粉にして働き、望んでいたものの多くを手に入れたのに、なぜ怒りや嘆きは鎮まらないのだろう。なぜ苦しみや悲しみの傷口はいつまでも膿みつづけるのだろう。なにより母自身がそのことで混乱し、嘆き、打ちひしがれていた。

金銭トラブルはその後もつづいた。家のお金を盗まれた、買い物先で代金を渡しても商品を渡されなかった、銀行から知らぬ間に預金が下ろされていた、といった電話がかかってきては、あんたが盗ったんだろうとつづいた。それでも母の認知能力がゆらいでいるとは考えなかった。

あるとき母の家のテーブルに、新聞のチラシが重ねて置かれていた。かたづけようと持ちあげると、裏面の白地が鉛筆書きの端正な字で隙間なく埋められているのに気づいた。母の字だ。一枚だけではなく、重ねられたおびただしいチラシの裏面のほとんどが文字で埋め尽くされていた。

文中にはぼくの名があった。父についても書かれていた。投げやりに書きなぐったものではなく、だれかに向けて自分の境遇を説明しようとするような切羽つまった調子で書かれていた。几帳面な母らしく語尾は「ですます」で結ばれていた。しかし、よく見ると、文の前後が嚙みあっていなかったり、現実と妄想がまじりあっていたり、くりかえしが多かったりして、全体として支離滅裂だった。認知や判断の能力に亀裂が入り、その無数の隙間から噴きあげてくる得体のしれない感情や記憶のもつれに、母自身がおびえ、途方に暮れていることが伝わってきた。色ちがいの毛糸がからまりあって、がんじがらめになってしまったかのようだった。それでも、そのもつれた糸の隙間からはわたしのことをわかってほしい、という痛々しい叫びや慟哭が聞こえてくる気がした。

だれに向けて書かれたのかはわからない。特定のだれかというわけではないのかもしれない。でも、母はわかってくれるだれかを必要としていて、そのだれかに向かって、暗い虚空に向けて叫びつづけるようにチラシの空白を埋めつづけていたのだ。

いちども聞いたことのない人たちの名や土地の名もまじっていた。若いころの友人なのか、仕事上の知り合いなのか、出かけたことのある土地なのか。土器の破片のように散り散りになった言葉からは、もはや元の器がどのようなかたちをしていたのかはわからなかった。その器の中にはきっと母にとってだいじなものが収められていたのだろう。しかし、器は砕け、その中身も見えなくなってしまった。

母の書き記した言葉を目で追ううちに、自分が母のことをほとんど知らなかったことに気づいた。母の人生について自分が知っていることなど、ごくわずかだったし、知ろうともしなかった。胸の奥にどんよりと重苦しいものが広がっていった。

四

病室の窓の外には芝生の庭が広がり、その向こうに竹藪と森がつづいていた。広々とした庭にはベンチがあったが、患者がそこにいるのを見たことはなかった。患者が勝手に外に出ないよう、病棟のエレベーターは特定のボタンをつづけて押さないと呼べないようになっていた。

ケアマネージャーのすすめもあって、母をこの病院に入院させてから、しばらくは見舞いに行くたびに母から面罵された。あんたはあたしを捨てた、あんたがエジプトに行ったのは、あたしから逃げるためだってことはわかってた。甲高い声が病棟の広いホールに響きわたった。

落ち着いているときは、病室で母のとりとめのない昔話をただ聞きつづけた。幸福だった娘時代の思い出にふけらせてあげることくらいしかできることはない。そう思って、くりかえしの多い、いつ果てるともない話にうなずきつづけた。しかし、どんな記憶も、その糸の先はかならず父への恨みや息子への怒り、そしておのれの絶望や悲しみへとつながり固い結び目をつくっていた。そこに意識が向かいそうになると、話をさえぎって、話題を過去へと巻き戻した。

そんなある日、見舞いに同伴してくれた妻が、庭へ出てみようといった。「これまでお母さんと話すときは、ただ昔の話を聞いてあげていればいいのかなって思っていたけど、過去ばかり見るのではなくて、今に心を向かわせるのもだいじなんじゃないかな」と彼女はいう。

考えたこともなかった。今という現実に気持ちが向かうと絶望に打ちひしがれる。そして攻撃の矛先がこちらに向く。そんなことがくりかえされてきたので、今に心が向かえば、かえって母は苦しむだろうと思っていた。

よく晴れたあたたかい春の日だった。庭へ出るのは初めてだ。日の光の下で母を見るのは数年ぶりだった。車椅子のひじかけにのせられた腕はすっかり肉がそげ、木の棒のように細く乾いている。それまでずっと母親の顔を直視していなかったし、身体の変化を観察することも無意識に避けていた。現実を見ることを恐れていたのは自分のほうだった。

「風が気持ちいいわね」と母がいう。春の日射しに光る芝生の上を風がやわらかく吹きすぎていく。庭の向こうに広がる林の中で鳥が鳴き交わしている。片方しか見えなくなった目で、母は鳥の声のする方向をおだやかに見つめている。その表情に若かったころの美しさが残照のように浮かぶ。

それからは天気がよくて、母の調子のいい日にはたまに庭に出たり、ベランダに出たりした。今に心が向かうことで、苦しくなることもあったけれども、光や風を感じたりしている母は、今と和解しているようにも見えた。

入院生活が長びくにつれ体力は落ちていき、体調を崩すことも増えた。ぼんやりしていることも多くなった。けれども、いちばん大きな変化は、おだやかになってきたことだった。ぼくの顔を見ると条件反射的に怒りや敵意を募らせるような反応が消えていった。そして逆に、ぼくが現れると驚いて、奇跡でも起きたかのように喜び、ときには涙した。それは認知症の進行にともなう記憶を呼びおこす機能の低下によるものだとわかってはいたが、母にとっては大きな救いだったと思う。

母を苦しめていたのは過去の記憶だった。さまざまな苦悩の記憶の糸がからまってできた固い結び目が母をさいなんでいた。だが、どうやってもほどけることのなかったその結び目が認知症になったことで、やっとゆるみ、ほどけていった。

母は過去から解放され、いま、心をひらいて、ここにいた。表情もそれまでに見たことがないほど、やわらぎ、すっきりとしておだやかになった。ずっと昔、幼いころ、そんな母の顔を見ていたような気もした。

やがて体調がすぐれなくなって、庭には出られなくなったけれど、母と過ごす病室や談話室には、春の日の庭のような光があふれているように感じられた。ようやく母は光の庭に出られたのだ。

母はぼくの手を握って「わたしは幸せ」となんどもくりかえした。そういわれることにはついに慣れなかったけれど、亡くなる前の最後の一年に与えられたそんな時間は、やはり恩寵という言葉でしか言い表せないように思う。

病室をひきあげるとき母は悲しんだ。母の疲れを見ながら別れを切りだすこともあれば、トイレに行ってくるからといってそのまま帰ることもあった。記憶が継続しなくなっていたから、別れがつらいのは、目の前からいなくなるその瞬間だけだった。それが過ぎれば、新たな今が母の前にあった。

ある日、いつものように帰るタイミングをうかがっていると母のほうから「そろそろ帰らなくちゃいけないでしょ」といわれた。そんなことをいわれたのは初めてだった。症状は進行していたのに、そのときの母は精神の薄明を感じさせない、明るくまっすぐなまなざしでこちらを見て、微笑んだ。

だれもが光の庭をもっている。そこには時間が存在しない。だから過去への後悔からも、未来への不安からも自由だ。瞬時瞬時の今だけがあふれかえっている庭。でも、その庭には、たったひとりで入っていかなくてはならない。母はそのことを受け入れたのかもしれない。「そろそろ帰らなくちゃいけないでしょ」という母の言葉は、そのしずかな自覚のように思われた。

母がほんとうにその光の庭に入っていったのは、それからまもなくのことだった。

歩く人

カイロ

初めてあなたに会ったのは、エジプトのカイロだった。

カイロに暮らして三年ほどたった一九九三年のはじめだった。ある日、当時旅行者のたまり場だった下町の安宿に滞在していた友人から電話があった。

「すごい人が現れました！　七十一歳のバックパッカーなんです」と電話口の向こうで興奮した口調で友人がいった。

その七十一歳のバックパッカーの水津さんは前年の夏、神戸から船で上海に渡り、中国から陸路でチベット、ネパール、インド、パキスタン、イラン、トルコ、シリア、ヨルダンを経てエジプトにたどりついたところだった。

しかし、実際に会った水津さん本人は、そのルートから想像されるような旅の強者(つわもの)のイメージとはほど遠かった。履き古したGパンに健康サンダルを履いてドミトリーのベッドに腰かけていたのは、よけいな力の抜けた、春のようなやさしい微笑を浮かべた小柄な関西人の男性だった。

「初めて外国旅行をしたのは六十五歳のときでした」と水津さんはいった。行き先は台湾。どうして台湾へ？「六十で仕事をやめたあと軽のバンで日本を四年かけてまわったんです。行くところもなくなったので、外国でも行ってみるかとリュックを背負って、いちばん近い台湾へ行ってみたんですわ」

この旅が水津さんの人生を変えた。日本にいるよりも金はかからない。言葉ができなくても、日本人の集まる安宿に行けば若い人と話ができるし、情報も教えてもらえる。台南では日本語を流暢に話す老人たちと昔話もした。旅のおもしろさにハマった水津さんは、年金を資金源に一年のうち十か月くらいはアジアを中心に海外に出るようになる。

年配でしかも長い旅行をしている人の中には旅の武勇談を得意げに語る人や、旅はどうあるべきかといった哲学めいたことを論じる人もいる。でも、水津さんからは、そういう自己顕示欲はいささかも感じられず、あくまで謙虚に、ゆるく、自分のペースで飄々と旅を楽しんでいる様子が伝わってきた。

でも、年齢的に病気やけがの不安はないのだろうかと聞くと「わたしの旅の楽しみの一つは入院なんです」という。「何年か前、北京で人気の安宿に行ったら満員だったんです。しょうがないので、近くの病院に行って、風邪をひいたから入院させてくれいうたんですわ。この歳だから病院もいやとはいいません。午前中の医者の回診までベッドにいて、そのあと観光に出かけ、夜、飯を食うてから病院に帰るんですな。ええ休養になりました」

水津さんは一か月くらいエジプトを旅した後、ヨルダンへ向かうバスでカイロをあとにした。その後、水津さんのことを旅の雑誌に書いたこともあって、カイロにやってくる旅行者から、ときどき水津さんの消息を聞いた。しかし数年もすると、それも絶え、水津さんのことは記憶から薄れかけていた。

大阪

二度目にあなたに会ったのは大阪だった。長年暮らしたエジプトから帰国して数年がたったころだった。あるとき旅行者からの風の便りに「スイッさん」という人の名が出た。しかも、その人はアフリカ行きを計画しているというのだ。

あの水津さんだろうか。でも、カイロで会ったのは七年前だったから、いまはもう八十歳近いはずだ。正直なところ、まだ旅をつづけているとは思わなかった。気になって消息を調べてみたところ、水津さんはいま大阪にいるとわかった。時計が巻き戻されるように懐かしさがこみあげてきて、すぐさま会いに行った。

まだ肌寒い早春の日、堺のアパートで八十歳を目前にした水津さんと再会した。少し白髪が増えたが、カイロで会ったときの飄々とした印象は変わらなかった。

お元気そうですね、というと、「そうでもないです。肝心な上と下のほうがもうダメでね。この前、病院に行ったら看護婦さんに、おや今朝いらっしゃったばかりじゃないですかといわれてしもうてね。ボケがすすんどりますわ」という。

変わっていない。七年前カイロで会ったときと同じだ。

――カイロを出たあと、どこに行かれたんですか。

「それがね。トルコに入ったんですが、そこで睡眠薬強盗にやられたんです」

――えっ！　トルコのどこですか。

「パムッカレです。温泉で有名な観光地。イスタンブールで睡眠薬強盗が出てるのは知ってたんですが、まさかパムッカレでやられるとは思わなかったですわ」

――どんなふうにやられたんですか。

「泊まっていた宿が高くてね。外に出たら、たまたま外国人旅行者がいたので、二人で安いところに移ろうと声かけたんですわ。チュニジア系のフランス人いうてましたわ。いっしょに別のホテルに移って荷物置いて、一杯飲んだら、そいつがケーキを持ってきた。それを食べたところまでは覚えているんですが、そのあとぜんぜんわからん。気づいたときには三日入院しとったそうです」

――よくぞ、ごぶじで。

「荷物やパスポートは前のホテルに置きっぱなしだったんで、たいしたもんはとられんかった。いちばん困ったのは手帳をとられたことですな。一九九三年は空白ですわ」

――気がついたとき怖くなかったですか。

「べつに怖くはないですよ。ケーキ食ったときにはあっという間になにもわからんなって、気づいたときはなんも覚えとらんのですから」

――そりゃ、そうでしょうが……。

「そのあとね、エフェソスに行って遺跡を見物しとったんですが、そのとき『あれ、オレはなんでここにおるのだろう』と考えたんですな。それで、『そうだ、やられたんだから警察行かにゃ』と気づいて、またパムッカレにひき返して警察で盗難証明もろうたんです。それを持ってイスタンブールに行ったんですが、よく見るとその証明書にウイスキーという文字がある。ぼくはトルコ語読めんけど、アルファベットのウイスキーという文字はわかる。なんでウイスキーと書いとるのかなあ思うて、それ持って日本領事館に行って聞いたんですな。そしたら、証明書には『この男はウイスキーを飲みすぎて意識不明になった。被害はなにもない』と書いてあるというんです」

――（爆笑）

「なんの証明や。恥の証明書やないか。パムッカレの警察はひどいやっちゃなあと思いましたわ」

中国

その夜はアパートに泊めてもらい、焼酎のお湯割りを飲みながら、水津さんの長い長い旅の話に耳を傾けた。

「この七年というものほぼ毎年、年の半分以上は旅をしていたので、この部屋にはそんなにいない。いるときに連絡をもらってよかったですわ」と水津さんはいった。

部屋の壁に中国の大きな地図が貼ってあった。そこに記された町や村の名にマーカーでしるしがついている。どれも一晩以上泊まったことのある場所だという。しるしは中国全土、津々浦々に及び、百か所を下らない。

「中国は合計二年半くらいまわったと思います。十回以上は行っておるね。ぼくはいままでも中国がいちばん好きです。あそこにはなんでもある。日本とも関係が深いから、日本の歴史と関係づけて考えられるんですな。歴史が動いとるのがわかるんですよ。ヨーロッパなんていつ行っても変わらんけど、中国では十年前といまとでは、ぜんぜんちごうとります」

――中国以外の国にも行ってみようというきっかけは、あったんですか。

「カシュガルに行ったんですわ。そしたらパキスタンとの国境まであと少しで、ああ、ここを越えたらパキスタンなんだなあと思うと、急に行きたくなってね。カシュガルにはパキスタン人がやってきて、酒飲んだりしていたしね。もし旅行できそうもなかったら帰ろう思うとったんですが、入ってみたらなんてことない。そこからイランに行ったら、また問題ない。それなら、もっと西へと思うたんですが、次回にとっておこう思うて、いったん帰国して、その二か月後あらためて西に向かったんですわ。そのとき初めてアジアを横断した。田中さんと会うたのはそのときですな」

ヨーロッパ

——水津さん、アジアだけじゃなくて、ヨーロッパもけっこうまわっていますよね。予算的にたいへんじゃないですか。

「そりゃ、中国などに比べれば高いですけど、それでも安く旅行することはできますよ。イギリスにはね、ユースからユースへとまわる安いバスがあるんです」

——そんなのがあるんですか！

「ええ。バックパッカー宿をまわるバスもある。荷物も宿の前まで運んでもらえるから、ぼくはエディンバラで米を二十キロ買って、それをユースのバスにのせて三食自炊しながらまわりましたわ。高い国では自炊がいいんです。イギリスは飯もまずいしね」

——ビールとか飲まないんですか。

「飲みますよ。アイルランドのダブリンにギネスの工場があって見学できるんです。二百円くらい出すと、その倍以上のビールが飲める券がもらえるんですわ。グループでまわるんですが、中には飲まんやつもおるので、それをくれいうて、一回で二人前飲む。ぼくはギネスわりと好きやからね。アイルランドも、イギリスと同じようなユースをまわるバスがあるんで、それに乗って帰りにまたギネスの工場に寄りましたわ」

――そうですかあ。パリではどこに泊まったんですか。

「一泊三百円のところに泊まりました」

――一泊三百円！　そんなとこあるんですか。

「地下鉄の駅から四、五分の便利なところに日本の寺があるんです」

――日本山妙法寺かな。

「ああ、そうです」

――泊めてもらうとなると、なにかお勤めがあるんじゃないですか。

「とくに義務はないんですわ。ただ、最近の若い人だと泊めてもらっている観念がないんですな。トイレに入ってドアを閉めんとか、布団をたたまないとか、そんなんやから出ていけといわれる。あたりまえですな。ぼくはそのへんはちゃんとするので問題ない。たまに坊さんの托鉢に連れていってもらいました。いっしょに団扇(うちわ)太鼓たたいてね」

――パリの町なかでですか。

「そうです。でもね、カネくれるフランス人はいないですな。くれるのは東洋人。中国人の店とかまわってね。いっしょに行った坊さんが遠慮深いのか太鼓たたく音が小さくてね。これじゃだめだと思うたから、ぼくは大きな音でたたいてね。そしたら、けっこう恵んでもらえたんで、坊さんのところ行ったら、ひとつももろうてない。じゃ、これでいっしょにコーヒーを飲みましょうということになって、通りの喫茶店で坊さんとコーヒー飲みましたわ」

――観光もしたんですか。

「ルーブルにもエッフェル塔にも行きました。二週間もおったからね。でも、博物館とか行っても、なにがなんだかよくわからんわけです。ロンドンでロゼッタストーンとか見ても、なにが書いてあるのか、まるで読めんわけです」

――象形文字なんて読めなくてあたりまえです！

南米

――一九九八年からは一年間南米に行かれたんですね。

「ええ。言葉もまったくわからんかったね」

――でも、本棚にＮＨＫのスペイン語講座のテキストやテープがありますけれど。

「あれは、帰ってから録ったんです。もういちど行くつもりやからね」

――聴いてます？

「ぜんぜん聴いとらん（笑）」

――はは。南米ではおもしろいことありましたか。

「いろいろおもしろかったですけど、ペルーで首締め強盗に遭うたですわ」

――どこがおもしろいんですか。どこでやられたんですか。

「プーノという町やったですね。チチカカ湖に行く基地にあたる町です。いきなり後ろから締められてね。気持ちええなあと思うていたら、そのままパタッと倒れて意識不明ですわ。気がついたら、漏らしとりましたね」

――たいへんでしたね。ごぶじでなによりです。被害はどうでした。

「パスポートは別のところにあったので大丈夫でしたけど、ウエストバッグに十四、五万のカネが入っとってね、それを盗られたのは痛かったですなあ。旅程を変更せざるをえなくなった」

――怖かったでしょう。

「怖いとは思わなかったですな。やられるまでなにもなくて、やられてるときは瞬間的だし。ぼくは、どこで終わってもいっしょやないかと思うんです。十年やそこら長く生きたって同じじゃないですか」

――そりゃあ、まあ。

「それにあのときは、やられそうなところに行っとったんです。あとから考えれば、やられて当然ですわ」

——そのあとは旅はつづけられたんですか。

「アンデス山脈に沿って南米の突端まで行きましたわ。そこでたまたま会うた人が、南極がよかったいうんですな。それ聞いて、そうか南極ええやろなあと思うたんやけど、カネ盗られたから予算がない。それでもういちど来よう思うたんです。ほんとうは南米を全部まわるつもりやったんですが、ブラジルなど東側のほうは、南極に行くときのためにとっとくことにしたんです。それでもういちどアンデス沿いに帰ってきたんです」

——それで一年ですか。

「そうです。ちょうど一年ですな。帰国してみたら、妹が死んでよったです」

——えっ！　妹さん、旅行中に亡くなられたんですか。

「半年以上知らんかった。電話もいっぺんもせんかったしね」

——ショックだったでしょう。

「いや、よかったと思いました」

——よかったって……。

「妹の娘夫婦が葬式とか全部やってくれとったしね。前の日まで隣の人と話していたというから、もしそのときぼくがいたら、なんぼ鈍感だいうても、やはりショックだったでしょうけれどね。弟も、その数年前に、やはりぼくの旅行中に死にましたけど、それも帰国まで知らんかったですわ。だれが先に死のうと問題ではないと思いますよ。いつかは死ぬんだから。たまたま、あとに残ったのが自分だというだけやから、なんてことないですわ」

水津さんの部屋の壁には中国の地図のほかに「死んだときの連絡先」と書かれた大きな紙が貼られていた。唯一の身内である弟さんや親しい友人の名前、手続きする先の住所や電話番号がマジックで書かれている。

「南米に出かけるときは、どうなるかまるでわからんかったし、もしかしたらうまいこと旅先で死ねるかもしれん思うて、初めて息子に保険証券を送りましたわ」

——息子さんと行き来はないんですか。

「二十年も会っとらん。住所だけは知っとるけど、なにしとるのか、孫がいるかどうかも知らん。向こうも連絡せんし、こっちもせんしね。でも、保険が下りるのなら、もらっとかなきゃ損やから、一応受取人を息子にしといた。でも、実際にはなにもなかった」

——でも、首締めにあったんでしょう。

「ああ、あれはしかたない。スリとかにも遭うたけれど、あんなのは問題じゃないしね」

——旅先で死ぬことに不安とかないですか。

「ぼくはね、自分の家でだけは死にたくないと思うとるんです。ここで死んだら犬死にですな。できれば旅先で死にたいですなあ」

――でも、だれかに看取ってほしいとか、そういう気持ちってないですか。

「まったくない。なんで看取ってもらわなあかんの？」

――なんでっていわれても……。だれか親しい人にそばにいてほしいとか。

「ない。まったくない」

――うーむ。じゃあ、野垂れ死にでもいいのですか。

「かまわんけど、いちばんいいのは、腹上死やねえ。まあ、それは無理やけど」

バラナシで迷う

――水津さん、ガイドブックとか持っていくんですか。

「いちおう持っていきますが、まあ、ガイドブックなんて、人から見せてもらえばいいし、たいてい同じバスに白人のバックパッカーとか乗っとるでしょ。バスが目的地に着いたら、そいつのあとをついていけばいいんです。言葉できんから話しかけられんけど、白人は安いとこに行くから、ついていけば安宿にたどりつけます。宿さえ見つかれば、あとはなんとかなる。若い人とちごうて、なにもかも見る気はないしね」

——けっこう見落としてますか。

「ようやりますわ。でも、旅のおもしろさは観光名所の見物じゃないんです。インドのバラナシ行ったとき、ホテルを出て、あの有名なガート見に行ったんですわ。よく話に聞いとったから、ああ、こんなもんか思うて帰ろうとしたんですわ。そしたら、自分のホテルが思いだせんのですよ。名前も場所もまったく思いだせん。しかたないから、近くの大きなホテルへ行って、『自分はどこに泊まっとるのかわからんのですが』と聞いたんです」

——（爆笑）

「そしたら親切な人で、バラナシ中のホテルに片っ端から電話してくれたんですわ。ボーイが迎えに来てくれました（笑）。そんなことのほうが、よう覚えている。まあ、適当にボケるのは楽ですわ。あんまり心配せんからね」

——バラナシといえば、ヒンドゥー教の聖地ですけど、水津さん、宗教には入ってないんですか。

「入ってますよ、ぼくはね、三つ入ってる」

——三つ？

「S学会とK福の科学とあとなんだっけな、あのキリスト教のやつ、そうMモン教やった」

——むちゃくちゃじゃないですか。

「近所の人に入れいわれたから入ったんですわ。でも、ほとんど旅行しとるから集まりとかにも出られれんしね」

——じゃあ、信じてないんですか？

「あんなもん、信じるかいな（笑）。まあ、誘ってくれる人にとっては、一人でも信者が増えればいいようやから、人助けと思うて入ったんです。ぼくは宗教が悪いとは思わんですし、信じることで自分の力を発揮できるというのもわかるけど、ぼく自身は死んだら自然に還るんだと単純に考えているんでね。バチ当たりといえばバチ当たりやけど、まだバチが当たったっとらん」

そこまでしゃべると、水津さんは首をかしげて「あるいは、バチが当たって、こうなっとるのかもしれんな。まあ、わしはそれをバチと思うとらんけど（笑）」といった。

バチが当たっていたとしても、それをバチだと思ったことがない。無敵だ。

旅は上海から

——ところで噂ではアフリカへ行くと聞いたんですが。

「南米でアフリカに行ってた人に会うたんですが、その人が『南米は楽です』というのを聞いたんです。アフリカは危ないとか、悪いとかいろいろいうんですが、そんなに悪いとこやったら、かえっておもしろいにちがいないと思うたんです。なにか盗られるのはしかたないしね。盗られて困るもんもないし。盗られると旅が楽になるくらいやし。そんなんで五月に船で上海に向かおうと思うてます」

——上海って……。アフリカじゃなかったんですか。

「ぼくの旅はいつもまず上海からなんです。そこから西に向かう。ボンベイ（ムンバイ）かバンコクからナイロビに入ろうと考えとるんですがね。まあ、そこまでたどりつけるかどうかわからんですがね。それに、ほんとうは行けても行けんでもいいんです。行きたいところがあるのが、ぼくは幸福だと思う。もちろん行ってみるのも幸福だけど、実現するかどうかは別問題なんです」

——計画を立てるのが楽しい……。

「いや、ぼくは計画はなにも立てない。でも、行きたいと思うんです。何年か前、南米に行きたいといつも思うていた。そう思っとると、それだけで楽しくなる。夜でも目が覚めると、ああ、南米に行きたいなあと堂々めぐりして考えている。ここも行きたい、あそこも行きたい。妄想ですな。具体的な行き方はわからないのだけど、そう考えていると、わくわくして夜も寝られん。マチュピチュ行きたいなあ、南米のいちばん南に行きたいなあとか。すると、そのうちほんとに行けるんです。だから、アフリカに行きたいと思うとると、そのうち行けると思うとります」

——根っからの楽観主義ですね。

「そりゃそうです。だって、人間、なんのために生まれてきたと思いますか。人間に目的はなにもないんですよ。生きとるだけ。生きとるんだから、楽しまなくちゃダメですよ。それが生きとることの目的です。なんのためというのはない。だから、ぼくはなにひとつ努力せんのです。できても、できんでも、したいことをする。最小の努力で最高に楽しむ。それが幸福というものじゃないですか」

ウランバートル

三度目にあなたに会ったのは夏のウランバートルだった。

「水津さん、なんでこんなところにいるんですか！」

それはまったくの偶然だった。ぼくは友人と北京から列車でウランバートルに着いたばかりだったが、バックパッカー宿に水津さんらしき人がいると聞いて足を運んだところ、ほんとうにいた。

「アフリカへ行くんじゃなかったんですか？」

「はあ、西へ行くつもりだったんですが、中国が暑くて、北へ北へと来たら、モンゴルに来てしまいましたわ」

ちょうどクルマをチャーターしてテント泊しながら小旅行しようとしていたときだったので、水津さんも誘った。

草原の中の一本道を西へ向かった。夕方になると小雨がぱらつき霧が出てきたので道路沿いの小さなドライブインで休憩した。そこで持参したモンゴルの蒸留酒のアルヒをちびちびやっていると、遊牧民の若者たちが入ってきた。彼らも雨宿りに立ち寄ったのだった。見るからに精悍な顔つきをした若者たちは、こちらのアルヒをじっと見つめている。いっしょにどうかとすすめると、表情がやわらいだ。言葉が通じないので、ひたすらアルヒの盃を酌み交わす。

夜になって雨がやんだ。言葉は通じないけれど、飲んでいると雰囲気がなごんできて、相撲をとろうということになった。といっても、鍛えあげた現役の遊牧民相手では結果は目に見えている。すでにアルヒの酔いもまわっている。

外には見わたすかぎり、夜の草原が広がる。灯りがないので顔も見えない。黒い塊と化した若者が容赦なくぶつかってくる。こちらが倒れても、立ちあがるとふたたび向かってくる。加減というものがない。モンゴル力士が強いはずだ。

なんどか倒されて、見あげると水津さんが女性と踊っている。ドライブインにいた地元の女性だ。アルヒを飲んで水津さんも気分がよくなったらしい。女性の優雅な動きにあわせて、水津さんもステップを踏んだり、両手を羽ばたくようにゆらしたりしている。ああ、水津さん、軽やかだなあと思っているうちに、意識が遠のいていき、気がついたらテントの中で朝を迎えていた。いっしょにいた友人は遊牧民の若者に投げられて脚を折っていた。水津さんは、石の上に腰かけて、朝日に輝く草原を見つめていた。

東京

四度目にあなたに会ったのは秋の東京だった。

モンゴルでばったり会ってから二年が経っていた。水津さんは八十二歳になっていた。前の年に、膝の手術をしたので、ひさしぶりに日本をまわることにして、軽のバンで東北を旅してきた帰りに連絡をくれたのだ。二十年以上前、四年かけてクルマで日本をまわって以来の国内旅行だという。

「どうですか、ひさしぶりの日本は」と聞くと、「おもろないですね。昔よりみな、つまらんようになってますわ。物価は高いし、クルマの運転で気をつかうので白髪は増える、頭は薄くなる、体重もこの前風呂屋で量ったら五キロ減ってました。ダイエットにはなりますな」

——泊まりはどうしているんですか。

「道の駅です。あれは便利ですな。ただ、ぼくの地図には道の駅が載っとらんのです。三十年前の地図なんでね」

——三十年前の地図を使っているんですか！

「前の旅行で使っていたやつです。載っとらん道があったり、載っとる道がなくなっていたりしますな。でも、そんなときは人に聞けばええからね」

——そりゃ、そうですが……。ところでウランバートルで偶然お会いしたときは、びっくりしました。その後、どこへ向かったんですか。

「中国へ戻って、それから南下してラサに入ってね。そこでたまたま会うた若い日本人旅行者に誘われてカイラスまで行く闇のツアーに参加したのですが、出発して三日目に大水でクルマが川を渡れなくなって、一か月の予定が三日でおしまいですわ（笑）。金も戻ってこなかったです」

——お気の毒に。

「闇のツアーだったのでしかたないね。四人で三千ドル払ったのに三日でパーですわ」

――三千ドル！　それはくやしいですね……。そのあとは？

「カシュガルからパキスタンに入ってフンザに行きました。中国とちがって十年前とほとんど変わらんかったね。ナンガパルバットにも行ってみました。あそこはベースキャンプからの標高差が五千メートルあるそうなんですわ。エベレストですら三千メートルだというので、それなら見てみようとジープ雇って、それから馬を雇って一週間かけて行ってみました」

――どうでした。

「それが、標高差五千に惹かれて行ったものの、なんちゅうことのない山なんですな。ちょっと離れて見ると平凡な山ですわ。ナンガパルバットの絵葉書というのはなぜか見あたらないんですが、そういうわけだったんです」

そのあと水津さんは、パキスタンからインドに入り、皮膚がちょっとかぶれたのでデリー郊外の病院に入院する。検査すると尿管結石も見つかって、その手術もついでにしてもらったという。

ひさしぶりの入院生活を満喫していたとき、病室のテレビでニューヨークのビルが燃えているのを見る。同時多発テロだった。水津さんがムンバイからケニアのナイロビに飛んだのは、そのあとだった。

アフリカ

「はじめはナイロビまで行ってちょっとまわったら、またインドに戻るつもりだったんですが、行ってみたらアフリカがおもしろいんですな。いろいろ旅してきたけど、アフリカがいちばんよかった」

——ナイロビはどうでしたか。

「ええ町ですな。気候はええし、飯もうまいし。サファリ行こう思うて下町を歩いていたら、あるツアー会社が、サファリツアーに予約したら、ただで屋上のテントに泊めてくれるいうんです。サファリのあとも一泊一ドルで泊まれるという。これはよかったですわ」

——サファリはどこに行ったんですか。

「名前は思いだせんけど、キリマンジャロの見えるとこと、フラミンゴのいるとこと、あともう一か所どこやったかな」

——アンボセリとナクル湖かな。

「サファリもよかったですが、日本大使館の文化センターで新聞読んでいると、こっちが年寄りなんで声をかけられるんです。ナイロビにマンション買うて住んでる人とか、農場を持っている人とか紹介されて、あちこちでごちそうしてもらいました」

――水津さんて、そういうこと多いですね。

「自分からは声かけたりせんのですけど、年寄りなんで声かけてもらえるのはありがたいですわ」

――そのあとエチオピアに行ったんですよね、それも陸路で。陸路でケニアからエチオピアなんて、若いバックパッカーだって尻ごみするルートですよ。たいへんだったでしょう。

「イシオロから国境のモヤレまでのトラックがたいへんでした。荷台にウシがようけ乗っていてね。その荷台の上に幌のかかる鉄パイプがあって、その格子の十字になっているところに人がすわるんです。幌はついていないんですが」

――ジャングルジムの上にすわるようなもんですね。エチオピアの国境まではひどい悪路ですよね。

「地面が洗濯板みたいにギザギザなんですわ。そこを百キロ近いスピードで走るでしょ、振動で脳味噌と頭蓋骨が分離するような感じがするんですわ。しかも、落っこちんようにパイプをしっかり握っとらなあかん。しんどかったです」

――八十歳のする旅ではないですよ(笑)。で、エチオピアはどうでした。

「よかったですよ。前から行きたかった国やからね。アディスアベバはイタリア料理が安くて、サービスもいいので気に入りました。ガラスのコップがこうピカーッと光っとるんですな」

――地方も行ったんですか。

「教会のあるとこや、城みたいなのがあるとこに行きました」

――たぶんラリベラとゴンダールですね。

「そこからもっと北の町へ行く途中、乗っていたバスのタイヤが破れて、チューブがむきだしになったんですわ。どうするんじゃろうと思うて見ていたら、ほかのタイヤを削って、それを貼りつけているんですわ」

――んなアホな。そんなんで走れたんですか。

「はあ、のろのろ走って、なんとか着きました」

そこから水津さんはふたたびトラックでナイロビまで戻り、ジンバブウェやナミビアをまわって南アフリカのケープタウンまでたどりつく。ジンバブウェのビクトリア滝ではラフティングをして溺れそうになり、ナミブ砂漠では、素っ裸になって砂丘の稜線の上をパンツをふりまわしながら走ったという。

南極の夢

ケープタウンから帰国した水津さんは、その年のうちに南米に向かうつもりでいた。ところが病院で脊椎管狭窄症が見つかったので、国内の旅に切り替えて、フェリーで沖縄へ向かった。さらに沖縄からフェリーで東北へ渡り、そこからクルマで大阪まで戻る途中に寄ってくれたのだった。沖縄では石垣島で山の上のキャンプ場に一か月いたという。

——一か月もキャンプ場で、なにしてたんですか。

「なにもせん。町に買い出しに行くくらいで、泡盛飲んでボーッとしておりました。家にいても同じじゃしね。でも、そのときに思うたねえ、持ち時間は少ないけどその持ち時間をむだに使えるのは最高やなと」

——そのあと東北に向かったんですね。

「紅葉の季節まで東北にいるつもりだったんですが、雨が多くてね。これでは紅葉もたいしたことなかろう思うてひきあげてきたんです」

——雨降っている間は、なにしてるんですか。

「駐車場のクルマの中でボーッとしとります。することもないしね。そんなときに考えたんです。オレはなんで旅行しとるんだろうと。さんざん考えて出た結論は、旅行は視覚、つまり目の楽しみだということでした。けれども、視覚のほかにも感覚はある。だとすれば五感を全部楽しませるのが、ほんとうの楽しみというものではないか。するとそれは男女の関係しかない。でも、これまでそっちのほうはあまり興味がなかったんですわ。そこで、『ははあ、オレの人生はまちごうとったかな』と思うたわけです」

——いまさら、なにを……。

「でも、ぼくはおおぜいの女の人に手を出すというのは興味がない。相手は一人でいいんです。浮気もせんかったしね」

——だけど、水津さん、奥さんと離婚されてますよね。

「それがね。去年やったけど、ある日帰宅したら、部屋におったんです」

——おったって、だれがですか？

「別れた家内です。でも、二十数年前に別れて以来、いちども会うてない家内が部屋におるはずがない。きっとこれは年寄りをだます手口かなと思うてね、『あんただれ？』と聞いたら『家内ですよ』という。ますます怪しい思うて『ほんなら名刺もっとるか？』と聞いたんです」

——（爆笑）

「そしたら運転免許証を出したんです。たしかに別れた家内でした。管理人に鍵借りたんですな。お金を貸してくれといわれました。たいした金額じゃないから貸してやりましたがね。その日はうちに泊まっていってね、それっきり連絡もないですわ。まあ、そういうわけですから、これからは五感を働かす必要がありますな」

——どういうわけですか（笑）。それで、日本をひととおりまわったら、また海外に出るんですか。

「元気やったら、ぜひ南極に行きたいですな。実際に行けるかどうかはわからんけど、思うとるだけで気持ちは変わります。気持ちが変われば、人生も変わるんです」

入院

水津さんは南極へは行かなかった。その後まもなく、末期の肺ガンが見つかったからだ。驚くというより、とうとう来てしまったなという思いだった。それは十年以上前、カイロで初めて七十一歳の水津さんに会ったときにすでに心の隅にあった気持ちでもあった。五度目にあなたに会ったのは、大阪の病院だった。水津さんは大阪城の見える四人部屋の窓際のベッドであぐらをかいて書き物をしていた。ぼくを見ると、きょとんとした顔で「なんでわかったの？　だれにも知らせんかったのに」といった。

窓際には『地球の歩き方』やら地図やら国語辞典やら新聞の切り抜きやらが重ねられ、テレビの上には調味料の瓶がずらりと並び、彼のベッドのまわりだけ、安宿のドミトリーのようだった。入院が好きといっていただけあって、日本の入院生活も満喫していた。

水津さんは血色もよく、頬もふっくらしていて、とても病人には見えなかった。かくしゃくとして足早にとことこ歩きまわるところも、まったく変わっていなかった。

水津さんは自分から病気のことを話しだした。

「ぼくのガンは第四期なんです。第四期いうたら末期ですわ。治療しなかったら三か月、したら一年と医者にいわれましたわ」

それから、自分は若いころ、結核をやっているので、いずれは肺のガンになるだろうと思っていたこと。すでに脳にも転移が見られること。死んだときのための挨拶状を書いていること。脳に来ているというから、わけがわからなくなる前に書いておこうと思っていたことなどを話してくれた。その話しぶりには、旅の話をするときと同じような、どこか嬉々としたところさえあった。

正直なところ、お見舞いに来る前は、飄々と旅をして生きてきた彼が死という現実を前にして、どう感じているのかが気になっていた。もし弱音を吐いたり、あるいは逆にことさらに元気そうにふるまったりしたら、どう接すればいいのだろうと思ったりもした。

けれども、彼はなにも変わらなかった。旅先で睡眠薬を盛られても、首締め強盗にあっても、その後の彼の旅がなにも変わらなかったように、末期ガンの知らせも彼の生き方をいささかもゆるがせることはなかったように見えた。

それは外から見た勝手な思いこみかもしれない。けれども、彼の話しぶりには強がりもなければ、自嘲もなかった。無理に明るくふるまうこともなかった。いたって自然に、自分の置かれた状況をあるがままに受け入れ、おもしろがっているようですらあった。

「ぼくは、むしろこれからがほんとうの人生のような気がしておるんですよ」

「どうしてですか」

「ガンが頭に来とるせいか、ボケがひどくなっているんです。自分の撮った写真を見ても、それがどこだか思いだせんのですわ。だから、かえって写真を見ていると楽しいんです。行ったことないところを旅しているような気がして新鮮なんです」

水津さんの病気をきっかけに、ぼくは彼が旅先で出会ったいろんな人たちと知りあうことになった。そして、自分のほかにも、それぞれの理由から、水津さんの旅や生き方に大きな影響を受けた人たちがいることを知った。

水津さんをかこむ集まりで知りあった方の中に、森さんというプロの将棋の棋士がいた。『聖(さとし)の青春』（大崎善生著）というノンフィクションで描かれた夭逝した天才棋士・村山聖九段の師匠だった森信雄さんだとあとで知った。

　森さんは、水津さんとつきあうようになって、勝ち負けがどうでもよくなってきたといった。それはプロの棋士としては致命的なのではないですかというと、たしかにそうですねえといって苦笑いした。

　森さんが水津さんと知りあったのは中国に短期留学していたときだった。水津さんが写真を撮っているのを見て、自分も写真を撮るようになった。水津さんが帰国しているときには家を訪ねるようにもなった。そのうちに水津さんのすすめで、インドやネパールにも行ったという。

　森夫妻は身寄りのない水津さんのために、買い物をしたり、洗濯をしたり、写真の整理をしたりと、こまごまと世話をされていた。

　そこまで水津さんに惹かれるのはなぜですか、と聞くと、森さんは少し考えてから「一種のふところの深さですね。ぼくは人の好き嫌いがけっこうあるけれど、水津さんは好き嫌いで人を見ない。他人と接するとき敵味方という意識がない」といった。「ただ、逆にそういう性格のために、人から利用されたり、だまされたりもする。でも、だまされても平気なんです。相手を許してしまう。それがあの人の強さなんでしょう」

　旅行中にも水津さんはなんどか有り金を奪われている。この入院中にも相当額の金をだましとられる事件が起きていた。それでも、いっこうに気にしない。失うことに対して、鈍感ともいえるほど気にしないのが水津さんだった。

ほかの人たちも、それぞれに水津さんの生き方に、自分の憧れを見ていた。見栄やプライド、世間体やしがらみといったものにとらわれず、孤独や死とあるがままに向きあい、それらに動じることなく、生きることを楽しむ。哲学的になったり、枯れたりすることもない。あきれるほどの自然体である。

もちろん、実際にそうやって生きられる人はなかなかいない。しかし、自分にはできなくても、水津さんの生き方にふれることで、みずからの抱えている悩みが、じつはたいしたものではないと気づかされる。だから、水津さんのまわりには、自然といろんな人たちが集まってきた。

歩く人

余命三か月と告知されながらも、一年が過ぎ、二年が過ぎたが、水津さんはあまり変わらなかった。その間に、なんどか大阪の病院を訪れた。友人たちで生前葬のようなお別れの会もやったし、お花見も二回した。

花見の席で若い人たちにかこまれた水津さんは串カツをほおばり、酒を飲みながら「ぼくはね、いよいよ、だめなんですわ。頭に転移したガンがもう手の施しようがなくて、なんの治療もしとらんのですわ。医者からも見放されとります。これから苦しくなってくるんですわ。でもね、ぼくはそれが楽しみなんですわ」というものだから、まわりはなんと応えたものか困っていた。

ひょっとして、この人はじつはもう死んでいるんじゃないか。肉体的に死んでいるわけではないけれど、死者がもはや何物にも傷つけられないように、水津さんもこの世のことでは傷つかない。その意味で彼は死者なのだ。でも、この死者は生きていることが楽しくてしかたなさそうに見える。その生きていることの中には、だまされることや、襲われることや、病気になることや、死ぬことも含まれているのだろう。

あるとき、病院で水津さんの子どものころの話を聞いた。野球が見たくて二十キロ離れた球場まで五時間かけてなんども通った。試合を最後まで見ていると日が暮れてしまうので、途中で帰らなくてはならない。帰りもまた同じ道を五時間かけて歩く。最後まで見られなくてもよかったんですか、と聞くと、それはかまわないんです、野球が見たいな、よし行ってみようと思うのが楽しかったんですな、といった。

大人になってからは、結核を患ったためふつうの就職ができず、行商の仕事をして日本じゅうを歩きまわった。最初は工場などで使う帽子に企業のマークを入れる注文をとる仕事、その次はテレビの画面につけるフィルターを売り歩く仕事、その次は漂白剤を売る仕事。彼はずっと「歩く人」だったのだ。

「昭和三十年代ごろでした。当時は漂白剤というものがまだ日本になかった。白くなる薬やったから、ぼくは、それに〈シロナール〉という名前をつけて、薬局の前でデモンストレーションして歩いたんです。汚れた布を、シロナールに浸して、ぱっとあげると白くなっている。見ていた人たちはびっくりするわけです」

「売れましたか」

「はあ、これが売れたんですわ」

「じゃあ、水津さんお金持ちになったんじゃないですか」

「それが、この商売に誘ってくれたやつが、金を全部持ち逃げしてしまったんです。ぼくはルーズやからね。それでつぶれてしもうた」

旅立ち

ガンが見つかってから二年半くらいたった秋だった。その夏の終わりごろから食欲が落ち、足腰が弱っていると聞いていたのでお見舞いに行った。めっきりやつれた水津さんを見るのはつらかった。

それでもぼくが行ってきたばかりのボルネオの話をすると、あそこを舞台にした小説がありますなとか、インドネシアは人がおだやかですな、などと旅の話になり、いつもの調子が戻ってきた。自分の葬式代のことや、墓やお寺のことなどを、小さな声で、淡々と話す。

水津さんがナイロビに行ったときに世話してくれたケニア在住の共通の友人である早川千晶さんがちょうど来日中だったので、その場で彼女に電話した。それは水津さんが望んだことだった。水津さんからの初めての頼み事だった。

電話口の向こうの早川さんに、水津さんは「葬式代などをのぞいたお金がわずかなんやけど郵便局に残っております。それをアフリカのためになるよう使うてほしいんです」といった。早川さんはナイロビのスラムで孤児やストリートチルドレンのための駆けこみ寺のような場「マゴソスクール」を運営している。

「いろんなとこ旅してきたけど、アフリカがいちばん生き物にとって住みやすいところだと思うんですわ。生き物にとってよいのだから、人間にとっても住みやすいと思うんです。ぼくはアフリカ旅行がいちばん楽しかった」

電話を終えたあと、水津さんが少し涙ぐんでいた。ティッシュを渡すと、無言でそれを受けとって目元をふいた。彼の涙を見たのは初めてだった。

電話で話したことをさっそく実行に移すために、車椅子の水津さんを森さんのクルマに乗せて郵便局へと向かった。水津さんは預金を解約し、下ろした現金を封筒に入れ、一円切手で封緘をして、郵便局のスタンプを押し、ぼくに渡した。そして、これで心残りがなくなりました、といった。

そのあと水津さんの希望で、堺にある彼の団地に寄った。七年ぶりに水津さんに再会したときに泊めてもらった部屋だ。アルバムや生活道具はそのままだった。窓から秋の夕暮れのやわらかい光が流れこんでいた。

アルバムの中国の写真を見ながら話していると、あらかじめ連絡してあった旅行者仲間がかわるがわる電話をかけてきた。十数年前、初めて水津さんがカイロに現れたときに、同じホテルに泊まっていた旅人たちだった。水津さんはそのときのことをよく覚えていた。淡々とした口調ながら、話しているうちに声にも張りが出てきて、笑いも出た。

「結局、男と女のことは待っとるだけじゃあかんのです。手を出さんとあかんのですわ」「ぼくは家族はおらんけど、友だちが来てくれるので助かってますわ」「女の子はやさしゅうていいですね。わたしも病院にいて、男の人よりも女の子が見舞いに来てくれるほうがいいですわ」「もうそろそろいいかなと思うとるからねえ。べつに未練はないからね」「もう脚もよろよろでね、ここまで運んでもらって、こうして若干の整理をしているわけです」「これから十分に楽しんで、無理せんように。ぼくのことは、あんまり心配せんでください」

日が暮れたころ、団地を出る。四階にある部屋から、彼を背中におぶって階段を下りる。思いのほか水津さんが重いのでほっとする。「歩く人」だった彼が、いまこうして歩けなくなってしまった。でも、そのことを嘆くでもなく、淡々と受け入れている姿を見ていると、前にできたことができなくなったり、持っていたものを失ったり、知っていたことを思いだせなくなったりすることも、とくに嘆くにはあたらない自然なことなのだと思えてくる。

人の悩みのほとんどは失うことへの恐れか、失ったものへの後悔にある。だが、この世で人が持っていると思っているものは、じつはあずかっているだけなのかもしれない。失ったというのは、あずかりものを返しただけなのかもしれない。あずかったものを返すのはあたりまえのことだ。たとえ、それが命であろうとも。

病室に戻ってから、別れぎわ、水津さんの髪の毛をハサミで少しだけ切った。ケニアの大地の景色のよいところに撒いてもらえたらうれしいといったからだ。

「そうしてもらえると思うと、なにかゆったりした気持ちになりますな」といって水津さんは笑った。それが終わると「これで今日の仕事は終わりですわ。わざわざ来てもろうて、どうもありがとう」といって手をさしだした。かさかさしてはいるが肉厚の大きな手だ。初めて会ったとき、大きな手の人だなと思った。その大きなやわらかい手を握って別れた。それが水津さんと会った最後になった。

水津さんが旅立ったという知らせを受けたのは、それから約二か月後の二〇〇六年十二月八日だった。悲しみはなかった。二年半かけて彼が死ぬという現実にゆっくり慣れていたこともあるし、その変わらぬ飄然とした生き方にふれていたこともあって、むしろ「おみごと！」という思いのほうが強かった。

旅の途中、荷物をすべて盗まれたとき、「荷物がないと、旅はなんて楽なんだろう」と思った水津さんだ。背負っていた荷物をひとつひとつ下ろし、最後にあずかっていた命をぽんと自然に返した水津さんが自由でないわけがない。

あなたが旅立ってから、もうずいぶんになる。あなたが旅に明け暮れていたのは一九八〇年代半ばから二〇〇〇年代前半にかけての約二十年だった。それはある意味、旅行者にとって幸福な時代だったかもしれない。お金がなくても切りつめれば、世界のたいていの国を旅することができた。武装組織や感染症の脅威もそれほど大きくはなかった。中国も本格的な変貌を迎える前だった。

しかし、あなたなら、たとえいつの時代であろうと旅をすることを楽しんでいたと思う。バチが当たっていたとしても、それをバチだと気づかない人だ。退屈も、無為も、病気も、入院も、強盗でさえも、それが旅の中で起きたことであればなんでも、あなたにとって、それはおもろいものだった。人生そのものが旅だったあなたにとって、生きることはそのままでおもろいものだった。

いまでも、ときどきあなたを思いだす。そのときかならず浮かんでくるシーンがある。あれはガンの告知の翌年の春だった。旅仲間たちと大仙古墳のそばの公園であなたをかこんで花見をした。集合時間の少し前に行くと、エチオピアの麦わら帽子をかぶって作務衣をまとったあなたが、花びらが舞い散る桜の木の下、ひとりぽつねんと立っていた。それはよけいなもののいっさいない完璧な風景のように映った。

「水津さん」と声をかけると、ふいに風景がゆらいで、麦わら帽子のつばの下の顔がぱっと明るくなった。

「日本人が桜が好きなわけが、ようやくわかりました」とあなたはいった。「桜は散りぎわが美しいんですな。散り方がこんなに美しい花は桜だけです。風が吹くと散った花びらがまた舞いあがる。きれいですな」

お花見は不思議な時間だった。あなたをかこむ花見だったのに、ぼくたちは春の光と散りぎわの桜がかもしだすやわらかな酩酊感に包まれていて、水津さんが「そろそろわたしは先に失礼します」といって、すっと立ちあがったのにも気づかなかった。

目を上げると、風にゆれる桜並木の下を麦わら帽子のあなたがひとり歩き去っていくところだった。その姿があまりに自然だったので、その場にいたぼくたちはそのまま彼を見送ってしまいそうになった。きっと、この人は人生という宴をあとにするときも、恐れもためらいもなく、だれも気づかぬほどしずかに立ちあがって、旅立っていくのだろうなと思った。そしてほんとうにそのとおりになった。

花びらの舞い散る桜並木の下を歩み去る麦わら帽子のあなたの姿は、永遠の原風景のようにぼくの中にとどまっている。終わりのない言祝ぎの調べとともに。

あとがき

本書は『たまたまザイール、またコンゴ』（偕成社）以来の、わたしの旅についての著作である。書き下ろしの「チロはアメリカへ行った」と「光の庭」のほかは、おもに『旅行人』誌に書いたエッセイをもとにしているが、大幅に加筆・再構成し、プライバシーの点から詳細をぼかしたものもある。自分の中では『孤独な鳥はやさしくうたう』（旅行人）につながるエッセイ集である。

旅は出会いであるといわれる。だが、出会ったものとはかならず別れなくてはならない。この本では、どちらかというと、旅を通じたさまざまな別れをあつかったものが多くなった。

別れたものは、いきなりいなくなるわけではない。死者が自分の中で生きつづけ、気がつけば対話の相手となっていることがあるように、旅で別れた人や風景や物語もまた、自分の内面に居場所を定め、折にふれてよみがえってくる。

出会ったときには気にも留めなかった出来事、日記にも記されず、写真に撮られることもなかった断片的な映像や会話が、時の経過の中であぶりだしのように浮かんでくる。旅の経験は、そうやって熟成と変容をつづけ、いつしか空気や水や光や温度のように自分に寄りそう存在となり、不在を意識すらしなくなっていく。それが別れの成就ということかもしれない。

収録作品のいくつかについて簡単にコメントしておく。

「チロはアメリカへ行った」は、日常と「ちがう世界」に身を置いたときの不安と孤独と充実感の入りまじった旅の原体験として、ここに収めた。

「ジュバの蛍」は初めてアフリカを訪れたときの「旅の前夜」の話。この訪問から八年後の一九九三年二月、ラフォンの六つの集落はSPLAの内紛による抗争で全焼した。以来、栗本英世さんは「故郷から切り離されお互いに連絡するすべをもたない人びとのあいだで、共通の知りあいの安否や消息を伝える連絡係のような役割を担うことになった」と著書『民族紛争を生きる人びと』(世界思想社)で書いている。その後、栗本さんは大阪大学の教授・副学長になられた。

「山上の聖地にて」に出てくるジャーナリストの沼沢均さんとは、彼が共同通信ナイロビ支局長だったときに知りあった。ナイロビに立ち寄るたびに、ビールを飲みながら、いろんな話をした。最後に会ったのは彼が南アフリカの取材から帰ってきたときで、スティーブ・ビコのお母さんに会った話をうれしそうにしてくれた。彼の訃報を聞いたのはその年の暮れだった。

「砂漠の涸れ谷に眠る」はエジプトの砂漠で修行生活をするコプト正教の修道士たちのもとを訪れた話。『ある夜、ピラミッドで』(旅行人)に収めた「隠者たちの沙漠で」の続編にあたる。

「至福の山」は、自分にとってコンゴ河の旅とともに、もっとも印象深かった旅であるスーダン、ダルフール地方のジェベル・マッラでの日々。『アフリカ旅物語　北東部編』（凱風社）にも書いた話だが、これまで記していなかったことなどもふくめた。

「光の庭」は母をめぐる話。身内のことを書くのには迷いや葛藤もあったが、『孤独な鳥はやさしくうたう』に収めた「父はポルトガルへ行った」につながる話として書いた。

「歩く人」はカイロで出会った水津英夫さんへの数回にわたるインタビューがもとになっている。少しだけ切らせてもらった水津さんの髪の毛は、早川千晶さんがケニアに持っていき、彼女が「この世でいちばん好きな場所」だという丘の上から、風にのせてアフリカのサバンナに飛ばしてくれた。また、本文にも登場する棋士の森信雄さん（二〇一七年に引退）は水津さんの写真を整理し、一部を「旅の仙人写真館」というブログで公開された。

旅をめぐる環境は、二十一世紀になって大きく変化した。ネットにさえつながれば、どこにいようと世界中の情報にアクセスできる。一方で、行き過ぎたグローバル化によって、暴力や環境破壊までもが地球規模で広がった。そこに起きた新型コロナウイルス感染症の世界的拡大によって、いまや人間の自由な移動にはリスクがともなうと考えられるようになった。

だが、コロナ禍のせいで従来のルーティンから離れた生活を余儀なくされたことによって見えてきたこともある。あたりまえだと思っていた日常も、いつ断ち切られるかわからないこと。しなくてはならないと思いこんでいたものの多くは、じつはしなくてもなんとかなること。際限のない情報を追うよりも、自分がほんとうにしたいことを見直すほうがだいじであること。

じつは、それこそまさに旅の感覚である。旅の中にあるとき、たいてい意識せずにしていることがある。荷物は必要なだけしか持たない。あるものでなんとかする。目的地へ着くことより過程を味わう。人との偶然の出会いを楽しみ、別れを潔く受け入れる。有限の時間と予算と体力の中で、ほんとうに行きたいところへ行き、見たいものを見て、会いたい人に会う。そんな旅のまなざしで日々と向きあうとき、日常はそのままで旅となり、今日は旅立ちの日となる。

本書の制作にあたっては、三人の共同制作者の方々に言い尽くせぬほどお世話になった。不屈の熱意と粘り強さで企画を通してくださった三省堂の樋口真理さん、緻密な校閲と校正と提案、ならびに全体の構成をしてくださった編集の藤本なほ子さん、そして春のような笑顔で、クールなデザインをしてくださったデザイナーの納谷衣美さん。なかなか原稿を書かないわたしを、コンゴ河の船を待つように辛抱強く待ちつづけ、励ましつづけてくださったすてきな方たちに心からの感謝を捧げたい。

二〇二一年四月　　　　田中真知

アフリカ東部地図

＊国境線は2020年現在（南スーダンは2011年にスーダンから分離独立した）。

＊スーダン鉄道の路線は、2013年の情報に基づき、本書での記述にかかわる部分のみ示した。

掲載写真解説

*p.248-249と表紙を除き、写真はすべて著者撮影。

p.4-5　デブレ・ダモの修道院からティグレの大地を見下ろす。（エチオピア）
p.28-29　米軍のラジオ通信施設のある敷地。いまだ返還されていない。（日本）
p.50-51　デブレ・ダモ遠景。頂上に修道院がある。（エチオピア）
p.68-69　スーダン鉄道の駅で。（スーダン）
p.106-107　バリ島の棚田。（インドネシア）
p.136-137　ラヤンの涸れ谷に暮らすコプト正教の修道士たち。（エジプト）
p.164-165　クルマをのせたイカダを引く。（マダガスカル）
p.180-181　ジェベル・マッラの火口湖の周囲では牛が放牧されていた。（スーダン）
p.248-249　アジア横断中の71歳の水津英夫さん。本人撮影。（パキスタン）
カバー表　竹のイカダにトヨタをのせて川を渡る。（マダガスカル）
カバー裏　ロバと子どもたちと、ジェベル・マッラの山中に分けいる。（スーダン）
表紙　砂漠のキャラバン宿営地でお茶をいただく著者。案内の若者が撮影。（スーダン）

初出一覧

*いずれも本書への収録にあたり、全面的に加筆・再構成を施した。

チロはアメリカへ行った　書き下ろし
ジュバの蛍　「ジュバの蛍」著者ブログ「王様の耳そうじ」2008年6月6日
山上の聖地にて
「デブレ・ダモ修道院、あるいは沼沢均の見た風景」『旅行人』（旅行人発行）2007冬号
靴を闇に放り投げる
「ヌビア砂漠横断鉄道に乗る」『アフリカ旅物語 北東部編』（凱風社，1994年）
水浴の午後　「水浴の午後」『旅行人』2003年6月号
雨宿り　「雨宿りの庭で」『旅行人』2003年7月号
イチゴジュースをカイロで　「青春のカイロ」『旅行人』1999年5月号
砂漠の涸れ谷に眠る
「沙漠の修道院で」『旅行人』2001年7月号，「遠い涸れ谷に眠る」『旅行人』2006冬号
レファットの告白　「レファットの告白」『旅行人』2002年9+10月号
サバンナのざわめき、森の退屈
「マウンテンゴリラの森で」『アフリカ旅物語 北東部編』（凱風社，1994年）
少年は笑わなかった　「陽炎の午後に」『旅行人』2004夏号
マダガスカルの長い一日　「マダガスカルの長い一日」『旅行人』2017特別号
至福の山　「かつて至福そのものであった村に」『旅行人』2004秋号，「至福の山、ジェベル・マッラ」『旅行人』2012上期号
光の庭　書き下ろし
歩く人　「八〇歳の年金バックパッカー水津英夫 おおいに語る！」『旅行人』2000年5月号，「八二歳の年金バックパッカー水津英夫 ふたたび語る！」『旅行人』2003年12月号，「散りやまぬ桜の下で」『旅行人』2005夏号，「水津さんの旅立ち」『旅行人』2007冬号

田中真知（たなか・まち）

作家・あひる商会CEO・立教大学講師。1960年東京都生まれ。慶應義塾大学経済学部卒。エジプトでの滞在経験や中東・アフリカの旅をあつかった著書に『アフリカ旅物語』北東部編／中南部編（凱風社）『ある夜、ピラミッドで』『孤独な鳥はやさしくうたう』（共に旅行人）『美しいをさがす旅にでよう』（白水社）などがある。1997年、イラク国際写真展にて金賞受賞。2016年、アフリカのコンゴ河を2度にわたって旅した経験をもとにした『たまたまザイール、またコンゴ』（偕成社）で第一回斎藤茂太賞特別賞を受賞。

あひる商会

旅立つには最高の日

第1刷発行 2021年6月30日

著　者
田中真知

発行者
株式会社三省堂
代表者 瀧本多加志

印刷者
三省堂印刷株式会社

発行所
株式会社三省堂
〒101-8371 東京都千代田区神田三崎町二丁目22番14号
電話 編集（03）3230-9411 営業（03）3230-9412
https://www.sanseido.co.jp/

装丁・組版
納谷衣美

落丁本・乱丁本はお取り替えいたします。

ISBN 978-4-385-36520-6
〈旅立つには最高の日・256pp.〉